农业经济管理与可持续发展研究

徐西利　王雄雄　李艳丽◎著

中国商务出版社
·北京·

图书在版编目（CIP）数据

农业经济管理与可持续发展研究 / 徐西利，王雄雄，李艳丽著. -- 北京：中国商务出版社，2023.2
ISBN 978-7-5103-4636-1

Ⅰ．①农… Ⅱ．①徐… ②王… ③李… Ⅲ．①农业经济管理－研究－中国 Ⅳ．①F322

中国国家版本馆CIP数据核字(2023)第026527号

农业经济管理与可持续发展研究
NONGYE JINGJI GUANLI YU KECHIXU FAZHAN YANJIU

徐西利　王雄雄　李艳丽　著

出　　版：	中国商务出版社
地　　址：	北京市东城区安外东后巷28号　邮　编：100710
责任部门：	外语事业部（010-64283818）
责任编辑：	李自满
直销客服：	010-64283818
总 发 行：	中国商务出版社发行部　（010-64208388　64515150　）
网购零售：	中国商务出版社淘宝店　（010-64286917）
网　　址：	http://www.cctpress.com
网　　店：	https://shop595663922.taobao.com
邮　　箱：	347675974@qq.com
印　　刷：	北京四海锦诚印刷技术有限公司
开　　本：	787毫米×1092毫米　1/16
印　　张：12	字　数：248千字
版　　次：2024年4月第1版	印　次：2024年4月第1次印刷
书　　号：	ISBN 978-7-5103-4636-1
定　　价：	69.00元

凡所购本版图书如有印装质量问题，请与本社印制部联系（电话：010-64248236）

版权所有　　盗版必究　（盗版侵权举报可发邮件到本社邮箱：cctp@cctpress.com）

前言

农业经济作为中国基层经济的重要组成部分,对于经济发展、新农村建设等方面都有重要的意义,做好农业经济管理工作至关重要。国家经济受到农业经济发展的决定性影响,在农业经济可持续发展中生态农业发挥着至关重要的作用。

基于此,本书以"农业经济管理与可持续发展研究"为题,全书共设置八章。第一章主要阐述农业的起源与发展、农业在国民经济中的地位与作用、农业经济管理;第二章主要论述农业家庭经营、农业合作经济组织、农业产业化经营组织相关内容;第三章探究农产品市场供给与需求、农产品市场价格形成与制度演变、农产品市场体系与市场营销相关内容;第四章从农业自然资源与管理、农业劳动力资源与管理、农业科学技术与管理、农业资金与投资管理对农业生产要素组合与管理进行论述;第五章探究农业经营方式、农业生产经营决策的意义与原则、农业生产经营决策的程序与类型;第六章论述农业保护政策的理论依据与改革方向、农业标准化与农产品质量安全、传统农业改造与农业现代化发展战略;第七章分析农业可持续发展及其影响因素、中国特色生态农业的内涵与特征、生态文明型的农业可持续发展路径探索;第八章研究农业可持续发展的绿色农业经济政策、我国农业可持续发展的必然选择——循环经济、基于循环经济理论的区域农业可持续发展模式。

本书逻辑清晰,内容全面,通过对农业经济管理、可持续发展相关概念的详细论述,深入分析了农业经济管理方式与农业可持续发展模式,对农业经济管理与可持续发展具有一定的参考价值。

笔者在撰写本书的过程中,得到了许多专家学者的帮助和指导,在此表示诚挚的谢意。同时,由于笔者的水平有限,书中难免会存在疏漏与不足,恳请读者批评指正。

目 录

第一章　农业与农业经济管理 … 1

第一节　农业的起源与发展 … 1
第二节　农业在国民经济中的地位与作用 … 5
第三节　农业经济管理 … 8

第二章　农业经济的微观组织 … 13

第一节　农业家庭经营 … 13
第二节　农业合作经济组织 … 15
第三节　农业产业化经营组织 … 19

第三章　农产品市场与营销管理 … 23

第一节　农产品市场供给与需求 … 23
第二节　农产品市场价格形成与制度演变 … 35
第三节　农产品市场体系与市场营销 … 42

第四章　农业生产要素组合与管理 … 59

第一节　农业自然资源与管理 … 59
第二节　农业劳动力资源与管理 … 78
第三节　农业科学技术与管理 … 88
第四节　农业资金与投资管理 … 103

第五章 农业经营方式与经营决策 111

第一节 农业经营方式概述 111
第二节 农业生产经营决策的意义与原则 114
第三节 农业生产经营决策的程序与类型 117

第六章 农业保护与农业现代化发展 121

第一节 农业保护政策的理论依据与改革方向 121
第二节 农业标准化与农产品质量安全 129
第三节 传统农业改造与农业现代化发展战略 138

第七章 农业可持续发展与生态农业 151

第一节 农业可持续发展及其影响因素 151
第二节 中国特色生态农业的内涵与特征 157
第三节 生态文明型的农业可持续发展路径探索 160

第八章 现代农业经济的可持续发展模式 165

第一节 农业可持续发展的绿色农业经济政策 165
第二节 我国农业可持续发展的必然选择——循环经济 172
第三节 基于循环经济理论的区域农业可持续发展模式 176

参考文献 181

第一章　农业与农业经济管理

第一节　农业的起源与发展

一、农业的起源

农业一般是指栽培农作物和饲养家畜、家禽的生产事业。农业是人类社会与大自然关系最为密切的物质生产部门，也是最古老的物质生产部门。农业是国民经济的基础，是农村经济中的主要组成部分。

农业属于第一产业，农业的劳动对象是有生命的动植物，获得的产品是动植物本身。我们把利用动物、植物等生物的生长发育规律，通过人工培育来获得产品的各部门，统称为农业。农业是支撑国民经济建设与发展的基础产业。农业是人们利用动植物体的生活机能，把自然界的物质转化为人类需要产品的生产部门。现阶段的农业分为植物栽培和动物饲养两大类。土地是农业中不可替代的基本生产资料。劳动对象主要是有生命的动植物。生产时间与劳动时间不一致，受自然条件影响大，有明显的区域性和季节性。农业是人类衣食之源、生存之本，是一切生产的首要条件，它为国民经济其他部门提供粮食、副食品、工业原料、资金和出口物资。农村又是工业品的最大市场和劳动力的来源。

农业是一个综合性范畴。利用土地资源进行种植生产的部门是种植业；利用土地上水域空间进行水产养殖的是水产业，又叫渔业；利用土地资源培育采伐林木的部门，是林业；利用土地资源培育或者直接利用草地发展畜牧的是畜牧业；对这些产品进行小规模加工或者制作的是副业。它们都是农业的有机组成部分。

广义的农业包括种植业、林业、畜牧业、渔业、副业五种产业形式；狭义的农业仅指种植业，包括生产粮食作物、经济作物、饲料作物和绿肥等农作物的生产活动。通常我们讲的农业，一般是指广义的农业。

根据生产力的性质和状况，农业可分为原始农业、古代农业、近代农业和现代农业。原始农业、古代农业主要使用手工农具和畜力农具，农业生产主要依靠劳动者的直接经验,生产效率较低,仅能满足自给自足的需求;近代农业是指由手工农具和畜力农具向机械化农具转变、由劳动者直接经验向近代科学技术转变、由自给自足的生产向商品化生产转变的农业;现代农业是指广泛应用现代科学技术、现代工业提供的生产资料和现代生产管理方法的社会化农业。

按地理、气候条件和栽培制度的不同,农业可分为热带农业、亚热带农业、温带农业和寒温带农业;按照农业的分布地域,农业又可分为农区农业、半农半牧区农业和牧区农业。

关于我国农业的起源有许多传说,早在五六十万年以前,我国的土地上就生活着原始人类。在旧石器时代,我们的祖先就进行了采集和狩猎经济活动。种植业和畜牧业始于新石器时代,在新石器时代,生产力水平十分低下,人类的生活十分艰苦,人们用石锄、石铲、石刀和木棍等进行集体的耕作和收获,所获得的食物远远不能满足人类的生活需要,人们还必须进行采集、渔猎等活动来取得必需的生活资料。到了距今三千多年前的殷商时期,农业生产在社会经济生活中占据了十分重要的地位,历法已经出现,这说明农业技术有了相当发展。

人类谋取衣食的活动从渔猎到养殖、从采集到栽培,这是一个漫长的历史演进和转化过程。这个过程直到今天仍然继续着,如今野生植物的采集、水生动物的天然捕捞以及狩猎活动仍作为农业的补充而存在。农业从无到有,从低级到高级,显示了人类征服自然、改造自然的创造力和无穷的智慧。人类不但能够创造农业,而且能够不断发展农业,在未来的历史长河中,还将不断开创灿烂的农业文明。

二、农业的发展阶段

(一)原始农业阶段

原始农业是指主要使用石器工具从事简单农事活动的农业,一般认为始于一万多年前的新石器时代,到两千多年前的铁器农具出现为止。原始农业是由采集经济发展而来的,在新石器时代以前,人类社会生产以采集和渔猎为主,采集和渔猎是人类获得生活资料的主要方式。随着生产经验的积累和生产工具的改进,人类逐渐了解一些动植物的生活习性和发育过程,开始懂得栽培植物和驯养动物,制造和使用这些活动所需要的工具,原始农业开始产生。农业的出现是人类改造自然、利用自然的第一次大变革,开创了人类社会第一个生产部门——农业,使人类由采集经济向农业生产过渡,形成了最早的农业系统。

原始农业生态系统受人的影响很小。人使用原始的生产工具对自然的作用十分有限,只能利用自然,而不能改造自然,没有物质和能量的人为循环。原始农业生态系统结构即物种结构、食物链关系和能量金字塔均未受到破坏，还保持它的自然风貌。生物种群之间、生物种群与非生物环境内部之间呈现出互利共生、相互抑制、平衡发展的局面。原始农业技术系统的特点是刀耕火种、广种薄收，当时人们只是从自然界选择少数可供衣食的动植物，使用石器、木棒等简陋的原始农具，采取刀耕火种的耕种方式，根本谈不上什么生产原理和生产技术，实行以简单协作为主的集体劳动，进行十分粗放的饲养栽培。

原始农业经济系统由于生产发展水平低而呈现出相当简单的结构，即由劳动力、工具、劳动对象、简单分配关系组成，各要素内部还没有形成一定的结构关系。从经济角度说，它完全是一种自然型经济，自给自足，缺少社会分工。这一阶段的农业生产力十分落后，生产力水平极低，只是从土地上掠夺式经营，主要是依靠大自然的恩赐，人们只能获取有限的生活资料来维持低水平的共同生活需要，农业是当时社会唯一的生产部门。

（二）传统农业阶段

传统农业是在原始农业基础上，随着铁器农具的出现和长期积累的生产经验而发展起来的。传统农业是指使用铁木农具，凭借或主要凭借直接经验从事生产活动的农业，大体上是指从铁器农具出现开始，一直到用机械取代手工劳动之前这一段时间的农业，即从奴隶社会过渡到封建社会，一直到资本主义工业化以前的农业。传统农业比原始农业有了很大进步，较为先进的铁木农具代替了原始的石器，畜力成为生产的主要动力，一整套农业技术措施逐步形成，其本质特征在于以下三个方面：

1. 生态的原始性

生态的原始性，是指农业内部生物要素的生物学特性基本保持原始的状态，也是指农业内部物质能量流动的自然属性。农业系统的生物要素和粮食作物直接从大自然中选择出来，人为成分很少，这一时期农业生产过程中物质转化和能量循环，从方向和规模看，从自然继承过来，取自农业又返回农业，在农业系统内部周而复始封闭式循环，没有增加多少新的成分和人为因素。

2. 技术的传统性

传统农业的技术表现出较多的传统性，以手工工具、人力、畜力和自然肥力为基础，人们从事农业生产所掌握的生产技巧，主要是世代继承积累下来的传统经验，依靠人的器官直觉观察和直接操作，人对农业生产过程仅仅作为一种连接和辅助活动，人们对自然界的依赖性很大，对外界环境的控制能力低，生产状况更多地决定于自然状况，而不是人的因素。

3. 经济的封闭性

传统农业经济的封闭性表现在：多数农民是自给农民，生产以自给自足为其特征，农业生产要素来自农户内部，生产的主要投入要素是劳力和土地，地多人少以输入土地为主，地少人多则以输入劳力为主。资金等输入极少，生产过程也在农户内部完成，男耕女织，一家一户地生产。生产的产品基本上是在农户内部消费，投入能量和物质较少，产出的物质和能量很低，基本上是一种自给自足的自然经济形态的农业。传统农业的重大成就是精耕细作，用地养地结合，基本上维持了自然生态的平衡。然而，传统农业是以世代相传的生产要素为基础，生产技术（包括物质资本、技术以及火的技术知识）没有任何重大变化，农业的产量、农业劳动生产率、土地生产率均很低下。

（三）现代农业阶段

现代农业，又称工业式农业或石油农业时期，是在现代工业和现代科学技术基础上发展起来的农业。现代农业是广泛应用现代科学技术、现代工业提供的生产资料和科学管理方法的社会化农业。它与传统农业有很大不同，由生态的原始性变为科学性，技术的传统性变为现代性，经济的封闭性变为开放性。

生态的科学性是指现代农业生态系统完全脱离了原来的自然属性，在人的干预下运转，通过大量投入石油、化工物质来强化系统的稳定性，保证农业生产顺利进行。人们对农业生物本身及其环境因素的客观规律认识不断加深，所采取的农业技术措施更加符合客观规律的要求，改变和控制生物生长环境的能力显著提高，良好的高效能的生态系统逐步形成。其赋予农业的不仅是生产农产品的职能，而且越来越要求农业还具有改善生态环境的职能，自觉促使良性生态循环，保持农业的生态平衡。

技术的现代性主要是指现代的科学技术在农业中广泛应用，由依赖传统经验变为依靠科学，使农业生产建立在现代科学基础上，成为科学化的农业，如在植物学、动物学、遗传学、物理学、化学等科学发展的基础上，育种、栽培、饲养、植物保护等农业科学技术迅速发展和广泛应用。农业技术系统的结构发生了质的变化，农业的动力已不是人力、畜力，而是石油或电力机械，其占总动力的比例达90%以上；劳动工具已不是铁犁或单机，而是机器体系，每个劳动力的机器装备程度很高；劳动对象已不是自然的土地和普通的动植物品种，而是经过不断改良的土地和培育出的优良品种；劳动的组织和管理不再是凭经验，而是靠科学；劳动者本身已不是普通农民，而是经过培养教育的，有文化、有科技知识技能的劳动者。

经济的开放性带动了农业经济系统物质和能量的开放式循环，农业生产系统和部门大量的物质和能量投入农业系统中，加大了物质能量的循环圈，从而提高了劳动生产率和土地生产率，为社会换取了大量的农产品，打破了物质和能量局限在农业系统内部的封闭式循环。系统的运转越来越依靠与外界进行大量的物质和能量交换，交换的范围不仅涉及国内，还涉及国外。

第二节　农业在国民经济中的地位与作用

农业是国民经济发展的基础，对人类经济社会发展具有多重贡献和多种功能。在人类社会发展的历史长河中，农业一直是安天下、稳民心的基础产业。农业在国民经济中具有重要的地位和作用。

一、农业的经济地位

（一）农业是人类社会赖以生存繁衍和发展的基础

生存繁衍和生活一直是人类社会最根本的问题。食物是人类生存和发展必须获得的生活资料。人类的食物包含植物类和动物类两大类：动物类食物来自动物养殖业，植物类食物来自植物种植业。种植业的最基本的特征是人工栽培绿色植物吸收水分和矿物质，通过光合作用利用太阳能，形成碳水化合物（淀粉、纤维素、葡萄糖）、蛋白质、脂肪、维生素等人类生存繁衍所必需的营养要素。目前，人类还不能通过人工合成的途径取得上述营养要素。因此，种植业和养殖业仍然是满足人类生存和发展的最基本的产业。

我国的基本国情也决定了农业是国民经济的基础。相对于美国等农业发达的国家，我国农业的基础地位仍然比较脆弱。我国是人口大国，农业生产要满足世界五分之一人口的粮食供给，更彰显了农业的国民经济基础地位。农业脆弱的表现是：①我国农业生产的技术装备水平与劳动生产率水平均比较低，农业基础设施不完善，抗灾害能力差；②我国农产品供求，尤其是粮食供求始终处于基本平衡状态，但每年都有缺口。

（二）农业的发展是国民经济其他部门发展的基础

一切非农业部门，其存在和发展都必须以农业的发展为前提、为基础。

第一，农业为工业部门及其他经济部门的劳动者提供了其必需的生活资料，并养育其子女，使全社会劳动力得以生存繁衍。

第二，农业为工业提供原料和材料，如粮食、棉花、油料、糖料等。因此在一定的意义上说，没有农业就没有工业。农业作为工业的基础，也为轻工业提供原料，轻工业的原料主要来源是农业。农业提供的原料主要是生产生活资料的原料，这些原料加工以后，仍然是生活资料，只不过改变了其农产品的形态，把原始的农产品形态转变为工业品形态，作为人类生活消费的本质并没有改变。

二、农业的重要功能

（一）社会稳定功能

农业是社会稳定的基础，是安定天下的产业。农业能否稳定发展，能否提供与人们生活水准逐渐提高这一基本趋势相适应的农副产品，关系到社会的安定。粮食是人类最基本的生存资料，农业在国民经济中的基础地位，突出地表现在粮食的生产上。如果农业不能提供粮食和必需的食品，那么，人民的生活就不会安定，生产就不能发展，国家将失去安定和自立的基础。从这个意义上讲，农业是安定天下的产业。

（二）生态环境功能

农业是人类社会最早的物质生产部门，也是造成人为生态环境问题的部门。过度砍伐森林和掠夺式的耕作不仅曾经导致一些古代文明的毁灭，而且至今仍然有一些地区，特别是热带雨林地区面临着现实生态环境问题。化学肥料、杀虫剂、除草剂、杀菌剂的大量使用所造成的环境污染和自然生态系统破坏则是更普遍的问题。但是，人类已经从历史经验中吸取了教训，农业生产从总体上看已趋向与生态环境相协调。同时，与其他生产部门相比较，在合理经营的条件下，农业不仅对生态环境的破坏程度较小，而且能在相当程度上减轻其他部门对生态环境所造成的破坏，在一定范围内改善了生态环境。当然，某些地方过度砍伐森林、过度放牧或开垦草原，不适当地围湖造田或滥用湿地，仍然可能造成严重的生态环境问题。我们对此不能掉以轻心。

事实上，农业在这方面的作用不仅局限于减轻人为的生态环境问题，植树造林、改造沙漠等工作在相当大程度上也在与地质、气候变化所造成的生态环境问题做斗争。无论是中国西北地区古代的绿洲农业，还是现代的三北工程，实质上都是以农业为手段对自然环境施加影响，使之向更有利于人类生存的方向变化，更符合可持续发展的目标。对人类社会来说，这些努力的目标不仅是增加农产品的产量，更是改善自然生态环境。

在治理污染方面，农业也有相当重要的作用。粪便和一些生产、生活废弃物在种植业、畜牧业和渔业生产中可以用作有机肥料、饲料、饵料，或者可以通过其他方式加以利用。这样不仅可以增加农业生产，还可以减少对环境的污染。农作物和林木都是绿色植物，它们都以二氧化碳作为光合作用的原料，因而在减少温室效应方面具有积极作用。城市绿地还可以有效地降低噪声、减少空气中的悬浮物，同时削弱都市的热岛效应。此外，微生物在废液和废渣无害化的处理中已经发挥了十分显著的作用。

（三）社会文化功能

现代都市的快速发展，给人们的都市社区生活带来了新的压力和困惑，无论在东方还是西方，长期以来，人们都把乡村的田园生活作为理想的社会生活方式和场所而热情讴歌。目前，西方经济发达国家，人们的生活价值观愈来愈转向崇尚乡村生活。信息革命以后，人类社会的发展不断加速，经济、社会、政治、科学、技术和文化都处于日新月异的大变革之中，都市居民的职业、就业地点和居住场所也呈现出经常变化的趋势。在这一持续变动的大背景之下，宁静的乡村生活较多地保持了原有的稳定，远离喧闹城市的纷扰，越来越令人向往。因此，随着社会和经济的进一步发展，现代工业社会的都市生活的弊病日益显现。与此同时，通过现代科学技术和文化改造而使农业和新农村社会获得新生，其社会文化方面的价值也因而重新获得肯定和认识。人们返璞归真的思潮逐渐形成并得以加强，回归自然乡村生活也将形成共识。

三、农业的经济作用

"农业是人类首先创造的生产事业，人之所以要创造农业，就是为了人的自身的生存和发展。因此，一切人的社会活动，包括国民经济中的工业、商业、科学、文化等都不得不依赖农业。一切国家、一切社会都是建筑在农业这个基础上的。农业愈发展，一切事业就愈发展；农业愈衰退，一切事业也就随之而衰退。这就是农业对国民经济的决定作用。"[①]

工业革命以后，农业在国民经济中的比重不断下降。但是，农业在整个国民经济及其发展过程中仍然具有十分重要的作用。农业的经济作用在发展中国家尤其明显。农业对发展中国家经济发展的贡献可以归结为以下四个方面：

（一）产品贡献

产品贡献指的是农业部门所生产的食物和工业原料。与工业革命的进程一样，发展中国家经济发展的主要表现是工业化、城市化。而工业部门和其他经济部门飞速发展的第一需求是增加食物和工业原料的供应。对于发展中国家来说，对食物和原料日益增长的需求绝大部分依靠本国农业的发展来满足。如果本国的农业经济迟滞不前，发展中国家的工业化、信息化以及现代化的发展，都无从谈起，因为缺乏食物和原料无法推进工业化、信息化和现代化的进程。

[①] 王亚军：《论农业在国民经济中的地位与作用》，载《经济工作导刊》2001年21期，第34页。

（二）市场贡献

市场贡献指的是农业部门对工业产品的市场需求。发展中国家工业品市场的发展与繁荣决定着其工业化的进程；农业部门是发展中国家的主要生产部门。同时，农业人口又占全国总人口的多数，农业和农村是国内工业产品市场的主体，所以，发展中国家的经济增长在很大程度上取决于农业和农村市场的发展。

（三）要素贡献

要素贡献指的是农业生产要素向工业部门和其他部门的转移。农业部门所提供的生产要素主要有农产品、土地、劳动力和资本等。从长期的观点看，农业领域生产要素不断向其他部门转移的过程就是国民经济的发展过程。在发展中国家发展的初期，农业仍然是主要经济部门，农业部门几乎占有全社会的所有生产要素。随着社会发展和科学技术的进步，农业生产力迅速提高，农村逐渐有了剩余农产品、剩余农业劳动力和剩余农业资本。在此基础上，农业这些生产要素以及其他自然资源不断转入第二产业和第三产业。没有这种要素转移，其他经济部门的发展就会陷入停滞不前的境地。

（四）外汇贡献

外汇贡献指的是农业在平衡国际收支方面的作用。对于发展中国家来说，运用大量外汇、进口先进技术设备是加快本国工业化和现代化的有效途径。但是，处于萌芽状态的新兴工业很难提供大量优质可以出口换取外汇的工业产品。在这种情况下，农业产品就要担当换取外汇重任。扩大农产品出口或者扩大农业进口替代品的生产以平衡国际收支，是许多发展中国家的主要选择。对这些国家来说，外向型农业的持续增长是国家工业化和现代化的根本保障。对于发达国家来说，农业在经济方面的产品贡献、市场贡献、要素贡献、外汇贡献同样存在。与发展中国家的情况相比，这些贡献在发达国家的重要程度虽然总体上相对较弱，但仍然不可忽视。在某些具体情况下，甚至可能高于发展中国家。

第三节 农业经济管理

一、农业经济管理的性质与内容

"随着我国经济的全面发展，农村经济有了一定进步，农业经济的管理效率有了较大的提升，促进了我国农业经济的发展和进步。"① 农业经济管理是指对农业生产部门物质资料的生产、交换、消费等经济活动，通过预测、决策、计划、组织、指挥、控制等管理职能，以实现管理者预定目标的一系列工作。

农业经济管理是一种管理活动过程。农业经济管理的过程就是对农业经济活动中的各个要素进行合理配置与协调，在这个过程中，包括了人与人、人与物、物与物的关系协调处理。因此，农业经济的管理，必然表现出生产力合理组织方面的活动和工作，也必然表现出正确的维护和调整生产关系方面的活动和工作。

（一）农业经济管理的性质

1. 自然属性

农业经济管理有与生产力相联系的一面，由生产力的水平来决定的特性，称之为农业经济管理的自然属性。在管理活动中，对生产力的合理组织，表现为管理活动的自然属性。对生产力合理组织就是把人、土地等自然资源以及生产资料等生产要素，作为一种具有自然属性的使用价值来对待。具体表现为：①土地等自然资源的合理开发和利用；②劳动力的合理组织；③农业生产资料的合理配备和使用等，以最大限度地发挥生产要素和自然资源的最大效益。

2. 社会属性

农业经济管理也有与生产关系相联系的一面，由生产关系的性质来决定的特性，称之为农业经济管理的社会属性。这里主要讲的是农业管理在经济方面，要由一定的生产关系的性质来决定。比如，在人民公社制度下，实行土地公有、集体劳动、按劳分配，农民及家庭只是一个生产成员。目前的联产承包责任制度，保留了土地的集体所有制，建立了集体和农民家庭双层经营体制，把土地所有权与经营权分开，农民家庭既是一个自主生产单位，又是一个自负盈亏的经营单位。农业经济管理在生产关系方面发生了巨大的变化。

（二）农业经济管理的内容

农业经济管理的内容是由其涉及的范围和属性决定的。就其涉及的范围而言，农业经济管理的内容包括农业宏观管理和微观管理两部分；就其属性而言，农业经济管理的内容涵盖农业生产力和农业生产关系两个方面。

我国的农业经济管理是社会主义经济管理的组成部分，它包括整个农业部门经济管理和农业经营主体的经营管理。农业部门的经济管理包括农业经济管理的机构和管理体制、

---

① 于丽娟《农业经济管理对农村经济发展的影响》，载《新农业》2022年18期，第75页。

农业经济结构管理、农业自然资源管理、农业生产布局管理、农业计划管理、农业劳动力资源管理、农业机械化管理、农业技术管理、农用物资管理、农产品流通管理和农业资金管理等宏观经济管理；农业经营主体的经营管理包括集体所有制农业企业和全民所有制农业企业等各类农业经营主体的经营管理，内容有决策管理、计划管理、劳动管理、机务管理、物资管理、财务管理和收益分配等微观经济管理。

二、农业经济管理的职能与目标

（一）农业经济管理的职能

农业经济管理具有两重性：①由生产力、社会化生产所决定的自然属性（或称共同性）；②由生产关系、社会制度所决定的社会属性（或称特殊性）。农业经济管理的两重性决定了它有两个基本职能，即合理组织生产力和正确维护与调节生产关系。这两个基本职能是适应农业经济发展的要求而产生的。这两个基本职能相匹配的具体职能就是计划、组织、指挥、协调、控制等。

（二）农业经济管理的目标

农业经济管理的目标是指国家在农业经济管理方面所要达到的农业经济运行状态的预定目标。农业经济管理的目标决定着管理的重点、内容和着力方向。同时，它也是评价农业经济管理工作的重要依据。现实中，农业经济管理的目标包括以下五个方面：

1. 实现农业增效、农民增收

实现农业增效、农民增收是市场经济条件下政府管理农业经济的首要目标，也是提升农业竞争力、调动农民积极性的核心问题。调动广大农民的生产积极性作为制定农村政策的首要出发点，这是政治上正确对待农民和巩固工农联盟的重大问题，是农村经济社会发展的根本保证。尤其是在近年来农民收入增长缓慢、城乡居民收入差距不断扩大的新形势下，更要把农业增效、农民增收作为农业经济管理的首要目标，这是保证农业和农村经济长足发展的动力源泉。

2. 保障粮食安全和其他农产品的有效供给

尽管农业的功能在不断拓展，但为生产生活提供质优价廉、数量充足的农产品仍旧是其基本功能。农业经济管理的目标之一就是根据不同历史时期农产品供求关系的变化，制定合理的农业经济政策，并利用财政、信贷、价格、利息杠杆对农产品的生产与供应进行宏观调控，引导农产品的生产与供应。在保证粮食生产安全的前提下，根据人们消费向营养、安全、健康、多样化方向发展的趋势，大力推进农业绿色食品产业的发展，增加绿色食品的市场供给。

3. 优化农业结构，提升产业层次

农业产业结构的合理与否，对于农业经济的良性循环和长足发展，对于农业整体效能的提升，意义重大。因此，调整优化农业产业结构，提升农业产业层次，始终是农业经济管理的重要目标之一。尤其是在我国当前农产品供求总量平衡但结构性矛盾突出的情况下，进行农业结构的战略性调整，推动农业产业结构的不断优化和升级，是我国农业步入新阶段的必然趋势，也是当前农业经济管理工作的中心任务。

4. 转变农业增长方式，提高农业生产效率

促进农业经济增长方式由粗放型经营向集约型经营转变，由资源依赖型向技术驱动型转变，是改造传统农业、建设现代农业的必然要求，也是大幅度提高农业劳动生产率、土地生产率的根本途径。

5. 实现农民充分就业

在 21 世纪，中国要解决占世界人口六分之一之众的农民就业问题，其难度要大大超过 20 世纪解决他们吃饭问题的难度。农民就业不充分是农民收入增长缓慢、农村市场购买力不足、农业规模效益低的深层次根源。因此，研究探索实现农民充分就业的途径，理应成为农业经济管理的具体目标。

三、农业经济管理的具体方法

（一）管理方法

管理方法是指为保证管理活动顺利进行，达到管理目标，在管理过程中管理主体对客体实施管理的各种方式、手段、办法、措施、途径的综合。按照方法的性质与适用范围，可将管理方法分为管理的哲学方法、管理的一般方法和管理的具体方法；按照管理对象的范围可划分为宏观管理方法、中观管理方法和微观管理方法；按照所运用方法的量化程度可划分为定性方法和定量方法；等等。

（二）法律方法

法律方法是指国家根据广大人民群众的根本利益，通过各种法律、法令、条例和司法、仲裁工作，调整社会经济的总体活动和各企业、单位在微观活动中所发生的各种关系，以保证和促进社会经济发展的管理方法。法律方法运用的形式多种多样，但就其主要形式来说，主要包括：①立法；②司法；③仲裁和法律教育。

（三）行政方法

行政方法是指管理主体依靠组织的权利和权威，按照自上而下的行政隶属关系，通过下达指令、发布命令、做出规定等强制性行政手段，直接对被管理者进行指挥和控制，它的实质是通过行政组织中的职务和职位来进行管理，它特别强调职责、职权、职位，而并非个人的能力。行政方法的主要形式包括：命令、指令、指示、决议、决定、通知、通告等，都是自上而下发挥作用。

（四）经济方法

经济方法是指管理主体按照经济规律的客观要求，运用各种经济手段，通过调节各种经济利益关系，以引导组织和个人的行为，保证管理目标顺利实现的管理方法。经济方法是政府调节宏观经济的有力工具，同时也是调动组织和个人的积极性的重要手段。

（五）思想政治教育方法

思想政治教育方法是管理活动中最为灵活的管理方法，它需要针对不同的对象，根据不同的情况采取不同的形式。它以人为中心，通过教育，不断提高人的政治思想素质、文化知识素质、专业水平素质。

（六）技术方法

技术方法是指组织中各个层级的管理者（包括高层管理者、中层管理者和基层管理者）根据管理活动的需要，自觉运用自己或他人所掌握的各类技术，以提高管理效率和效果的管理方法。各类技术主要包括：①信息技术；②网络技术；③预测技术；④决策技术；⑤计划技术；⑥组织技术；⑦控制技术。

第二章 农业经济的微观组织

第一节 农业家庭经营

一、农业家庭经营地位

农业的发展必须以完善的农业微观组织体系作为依托和支撑,其中农业家庭经营组织居于微观组织体系的主体地位,对农业的发展起着基础性的保障作用。"农业经营在我国承担着粮食安全、农民就业及社会保障的功能。"[①]

农业家庭经营是指以农民家庭为相对独立的生产经营单位,以家庭劳动力为主,所从事的农业生产经营活动。农民家庭既是生活消费单位又是生产经营单位。作为生产单位,实行家长制或户主制管理,不同于公司制企业实行规范的内部治理结构,农业家庭经营突出劳动组织以家庭成员的协作为主,家庭代表负责农业经营的管理运营,家庭成员承担大部分农业劳动,强调以使用家庭劳动力为主,而非以雇工经营为主。

农业家庭经营是一种弹性很大的经营方式,可以与不同的所有制、不同的社会制度、不同的物质技术条件、不同的生产力水平相适应。因此农业家庭经营在很长的历史阶段中占据主要地位。其原因包括:①农业生产是自然再生产和经济再生产交织在一起且生产周期长,决定了农业生产和家庭经营需要密切结合;②农业风险大,农业自然环境条件的不可控性和劳动成果最后决定性,成就了家庭经营是最好的组织形式;③家庭成员利益的一致性,使农业生产管理监督成本最小;④家庭成员在性别、年龄、技能上的差别,使劳动力得到充分利用并降低用工成本;⑤家庭中资金、技术和信息可在不同产业、职业成员间共享,有利于非农资金、技术支持农业;⑥发达国家的社会实践证明,高度发达的现代化农业家庭经营已走上了商品化、企业化、规模化、社会化发展道路。

---

① 陈永强:《农业家庭经营主体内生优选及其发展趋向探究》,载《云南农业大学学报(社会科学)》2020年14期,第48页。

二、农业家庭经营的发展与创新

家庭经营的组织结构已成为我国农村生产力发展最可靠的支点。建设社会主义的新农村,农业要走向现代化,就要实现家庭经营制度的发展与创新。

(一)创新土地承包经营权流转

推进土地承包经营权流转,发展农业规模经营,是转变农业增长方式的有效途径。土地适度规模经营是通过土地使用权流转和集中来实现的,因此,土地使用权流转机制是否有效、灵活、合理,是发展土地适度规模经营是否成功的一个重要环节。要妥善解决土地使用权流转中存在的问题,促使土地合理集中,必须健全土地使用权流转的法律机制,在以法律手段明确土地所有权、稳定农户承包权的基础上,恢复土地的商品属性,在承包期内允许土地使用权依法转包、出租、抵押、入股、继承等。

由于我国各地自然条件和经济条件差异较大,土地使用权流转不可能采取单一的方式。各地在家庭承包经营的实施和完善过程中,积极探索了多种土地使用权流转的方式,法律应对这些方式做出相应的规范,将土地使用权流转纳入法制的轨道。土地承包经营权的流转为农业规模经营奠定了基础。适度规模经营是我国农业经济发展的必然趋势,是调整现有土地经营方式、推进农村产业结构调整、发展现代农业和农民收入增长的重要途径。

(二)提高产业关联程度

随着农业现代化水平的提高,农业社会化分工越来越细,产业关联程度越来越强。当市场经济发展到一定程度时,市场主体间的关系不能单纯依靠交易来维持,需要发展一定的非市场组织。为了解决家庭承包经营的分散性、不经济性,更好地满足市场不断增长的农产品需求,需要在坚持家庭承包经营的基础上,通过大力发展农民专业合作经济组织,促进农业产业化经营,不断提高农户的组织化程度,提升农业各产业关联程度,使家庭经营与农业生产力发展、与市场经济发展相适应。

(三)建立农业社会化服务体系

农业社会化服务体系是为农业生产社会化服务的组织机构和制度的总称。发展和完善农业社会化服务体系可以促进小生产与大市场的有效连接,引导农户抱团走向市场,改变农户分散生产、孤立销售的现状。同时社会化服务体系的完善也能够很好地解决农户在农业各环节及生产经营中的诸多限制。农业社会化服务体系涵盖农民合作社、龙头企业、农民技术经济协会、政府农技推广机构、各类咨询服务机构、金融保险机构。建立健全农业社会化服务体系,一方面,有利于打破农户和农业部门本身限制,从外部获取更多的信息、物质、能量,提高农业竞争能力;另一方面,有利于克服农业技术落后的现状,减少流通环节,促进农产品标准化、规模化、多样化、品牌化发展。

(四)大力发展家庭农场

家庭农场是指以家庭成员为主要劳动力,从事农业规模化、集约化、商品化生产经营,并以农业收入为家庭主要收入的新型农业经营主体。家庭农场具有一定规模,区别于小农户;家庭农场以家庭劳动力为主,区别于工商资本农场的雇工农业;家庭农场具有相对稳定性,区别于兼业农业和各种承包的短期行为;家庭农场需要工商注册,是农业企业的一种形式,家庭农场的经营活动有完整的财务收支记录,区别于小农户和承包大户。

第二节 农业合作经济组织

一、农业合作经济组织特征与性质

农业合作经济组织是指农民特别是以家庭经营为主的农业小生产者为了维护和改善自己的生产以及生活条件,在自愿互助和平等互利基础上发展起来的,实行自主经营、民主管理、共负盈亏地从事特定经济活动的农业经济组织形式。其本质特征是劳动者在经济上的联合。"农业合作经济组织是解决分散农户走向市场的有效组织形式,是促进农业产业化经营的有效组织载体。"[1]

(一)农业合作经济组织的特征

第一,农业合作经济组织是具有独立财产所有权的农民自愿联合的组织,农民有加入或退出的自由,对合作组织承担无限或有限责任。

第二,农业合作经济组织成员是平等互利的关系,组织内部实行民主管理,组织的发展方针和重大事项由成员集体参与决定。

第三,农业合作经济组织是为其成员利益服务的组织,维护组织成员的利益是组织存在的主要目的。

第四,农业合作经济组织是具有独立财产的经济实体,实行合作占有,实行合作积累

---

[1] 黄波:《我国农业合作经济组织发展存在问题及建议》,载《乡村科技》2020年6期,第44页。

制,盈余可采取灵活多样的分配方式。

只有符合以上规定的经济组织才是比较规范的农业合作经济组织。农业合作经济组织是独立经营的企业组织,不是政治组织、文化组织、社会组织或者群众组织;农业合作经济组织也是实行自负盈亏、独立经济核算的经济组织,凡是不以营利为目的、无经营内容、不实行严格经济核算的组织都不是农业合作经济组织。

(二)农业合作经济组织的性质

第一,合作目标具有服务性与盈利性相结合的双重性。农业合作组织既要向各个成员提供生产经营服务,又要最大限度地追求利润,存在着互利和互竞关系。合作经济组织是为适应生产经营规模化、生产经营风险最小化、劳动生产率提高而组建的,必须为各个成员提供各方面服务,因此与其成员的经济往来,不以追求利润最大化为目标。但是当它与外部发生经济往来时,就必须通过追求利润最大化谋求生存,也只有如此,才能更好地为其成员提供优质服务。

第二,合作经营结构具有统一经营与分散经营相结合的双层次性。农业合作经济组织以家庭经营为基本生产经营单位的,对适宜于合作经营的生产、加工、储藏、销售、营销、服务等环节进行统一安排、统一经营,对其他环节保持家庭经营的独立性。合作经济组织构筑在家庭经营之上,并为其提高效益服务。

第三,合作经济组织是自愿结合与民主协商的有效组合。合作经济组织建立在农民自愿基础之上,是农民的自主选择,能够最大限度地发挥成员的积极性、责任感和生产热情,保证合作经济组织旺盛的生命力。同时在生产经营过程中,通过民主协商制定系列规章和决策,并产生相应的法律效力,保证了合作经济组织强大的凝聚力和发展的推动力。

二、农业合作经济组织作用与原则

(一)农业合作经济组织的作用

1. 发挥协作优势降低农民的交易费用

市场经济条件下,农户在参与经济活动的过程中,要产生各种各样的费用,比如市场信息费用、价格搜寻费用、购买各种生产服务的费用、形成交易的谈判费用等。由于农户商品交易量小,交易相对分散,所以单位产品的交易成本相对较高。合作经济组织可以将农户少量的剩余农产品和有限需求集中起来形成较大批量的交易,有利于为农产品争取有利的交易条件,从而降低交易费用;农业合作经济组织的壮大还有利于减少交易中的不确定性,从而避免交易风险。

2. 提高农户在市场交易谈判中的地位和竞争力

农户参与市场经济需要公平竞争。市场主体竞争能力的强弱是与组织化程度成正相关关系的。农业合作经济组织作为一个比较强势的整体参与市场交易时，可增加农户在产品市场和要素市场讨价还价的能力，提高农户的地位，有效地抵御来自各方面对农户利益的不合理侵蚀，形成农户利益的自我保护机制。农业合作经济组织增强了广大农民的谈判意识，有效地遏止了侵害农民合法权益的各种机会主义倾向，提高了农民的竞争能力，并为实现政府对农民直接补贴提供了载体。

3. 可以获得政府质量较高的服务

分散的单个农户在政府这个理性的政治实体面前往往束手无策，他们要想挤进政府决策的谈判圈、独立自主地与社会其他利益集团进行平等的讨价还价非常困难。农业合作经济组织随着农民的不断加入，规模不断扩大，形成一个强势集团，才有可能挤进政府的决策圈。政府在制定和选择政策时，就有可能考虑农业合作组织的利益。

4. 有效地减少或避免各种农业经营风险

随着农业市场化趋向改革的不断深化，分散的农业生产单位和大市场之间的矛盾逐渐突出，单个的小生产很难抵御自然风险和市场风险，往往导致农业再生产的中断，使农业生产发生大起大伏的周期性变动，给国民经济也给农民自身带来了损失。建立农业合作经济组织，可以改变单个农户经营规模小、信息不对称、自身素质低、谈判地位差的局面，发挥合作优势，降低盲目性，从而规避和抵御风险。通过合作抵御自然灾害、突发事件等对农业生产者、经营者造成的重大损失。同时，农村合作经济组织能有效地提高技术普及的广度和深度，最大限度地发挥新技术所具有的增产增效潜力，有效地化解各种自然风险和市场风险对农业生产的侵蚀。

5. 实现土地规模经营

土地制度是与家庭承包制相联系的农业经营制度的核心问题，土地均分制带来的土地细碎化问题非常严重。实现土地规模经营，就必须适当合并地块，但这不是单个农户的独立行动可以实现的，需要由农业合作经济组织来进行组织和协调。

（二）农业合作经济组织的原则

第一，自愿和开放会员制原则。合作社是自愿性的组织，任何人只要能从合作社的服务中获益并且能够履行社员义务、承担社员责任都可入社，无任何人为的限制及社会、政治、宗教歧视。

第二，民主管理和会员控制原则。合作社是社员管理的民主组织，其方针政策和重大事项由社员参与决策。管理人员由社员选举产生或以社员同意的方式指派，并对社员负责。基层合作社社员享有平等的投票权，其他层次合作社也要实行民主管理。

第三，社员经济参与原则。社员要公平入股，民主管理合作社资金。股金只能获分红，股利受严格限制，不能超过市场通行的普通利率。合作社盈余可用于合作社发展、公共服务事业，或按社员与合作社交易额的比例在社员中分配。

第四，教育、培训与信息原则。所有合作社都应向社员、雇员及一般公众进行教育，使他们了解合作社在经济、民主方面的原则和活动方式，更好地推动合作社发展。

第五，自主与自立原则。合作社是社员管理的自主、自助组织，若与其他组织达成协议，或从其他渠道募集资金时，必须保证社员的民主管理，保持合作社的自立性。

第六，合作社之间的合作原则。为更好地为社员和社区利益服务，所有合作社都需要以各种切实可行的方式与地方性的、全国性的或者国际性的合作社组织加强合作，促进合作社发展。

第七，关注社区原则。合作社在满足社员需求的前提下，有责任保护和促进社区经济、社会、文化教育、环境等方面的可持续发展。

三、农业合作经济组织的不同类型

（一）按照合作的领域

农业合作经济组织可分为生产合作、流通合作、信用合作、其他合作。生产合作，包括农业生产全过程的合作、农业生产过程某些环节的合作、农产品加工的合作等；流通合作，包括农业生产资料、农民生活资料的供应、农产品的购销运存等方面的合作；信用合作，是农民为解决农业生产和流通中的资金需要而成立的合作组织，如农村资金互助社；其他合作，如消费合作社、合作医疗等。

（二）按照合作组织成员来源

农业合作经济组织可分为社区性合作、专业性合作。社区性合作，是以农村社区为单位组织的合作，社区性合作经济组织通常与农村行政社区结合在一起，因此既是农民的经济组织，也是社区农民政治上的自治组织，成为联结政府与农民、农户与社区外其他经济合作组织的桥梁和纽带。专业性合作，一般是专业生产方向相同的农户联合组建专业协会、专业合作社等，以解决农业生产中的技术、农业生产资料供应、农产品销售等问题。该类合作可以跨地区合作，成员也可加入不同的合作组织。

（三）按照合作组织的产权结构

农业合作经济组织可以分为传统合作和股份合作。传统合作，是按照传统的合作制原则组织起来的合作经济组织，实行一员一票、民主管理，盈余分配按照合作社与社员的交易量确定；股份合作，是农民以土地、资金、劳动等生产要素入股联合组建的合作经济组织。股份合作经济组织是劳动联合与物质要素联合的结合体，不受单位、地区、行业、所有制等限制，因此具有很大的包容性。组织管理实行股份制与合作制的双重运行机制结合，分配上实行按交易量分配与按股分红相结合。

第三节 农业产业化经营组织

一、农业产业化基本概述

（一）农业产业化内涵

"农业产业化是在市场经济条件下，农业和农村经济深化改革和进一步发展的必然选择。"[①] 广义来看，农业产业化应当把农业和其他关联产业看成一个有机整体，是农业产前、产中、产后三个领域全部内容的总和，不仅包括第一产业，而且包括与之关联的第二、第三产业。狭义来看，农业产业化即农业产业系列化，是指一个农产品升格为一个系列，使农业成为包含生产加工、流通在内的完整的产业系列。

因此，农业产业化的内涵是指农业与其他相关产业，在专业化生产的基础上，以市场为导向，以效益为中心，以利益为纽带，以农户经营为基础，以龙头企业为依托，以系列化服务为手段，实行种养、产供销、农工商一体化经营，将农业再生产的生产全过程的诸环节联结为一个完整的产业系统，由多方参与主体自愿结成经济利益共同体的农业经营方式。其中，支柱产业是农业产业化的基础，骨干企业是农业产业化的关键，商品基地是农业产业化的依托。

（二）农业产业化特征

农业产业化经营是农业由传统生产部门转变为现代产业的历史演变中，通过不断地自

---

① 胡珈宁、武士勋：《我国农业产业化经营创新思路》，载《乡村科技》2020 年 11 期，第 34 页。

我积累、自我调节、自主发展所形成的市场农业基本运行机制，是引导分散的农户小生产转变为社会大生产的组织形式。与传统的农业经营方式相比，农业产业化具有以下特征。

1. 生产专业化

实施农业产业化经营，就要围绕主导产品或支柱产业进行专业化生产，把农业生产的产前、产中、产后作为一个系统来运行，形成种养、产供销一体化的专业化生产体系，实现农产品各个生产环节的专业化，使每种农产品都体现为初级产品、中间产品、最终产品的制作过程，并以品牌商品的形式进入市场。这是农业产业化经营的基本特征。

2. 布局区域化

按照区域比较优势原则，突破行政区划界限，确立主导产业，形成有特色的专业化区域，高标准地建设农产品生产基地，使分散的农户形成区域生产规模化，充分发挥区域内资源比较优势，实现资源要素的优化配置。布局区域化促进了地域产业结构优势的发挥，实现了广泛地域上的产品优势和市场优势，形成产业带、产业圈，不仅提高了农业产业的经济效益，而且推动了工业化、城镇化、现代化的发展。

3. 经营一体化

农业产业化围绕某一主导产品或主导产业，将各生产经营环节连接成完整的产业链条，实行农工商一体化、产供销一条龙的综合经营。它通过多种形式的联合与合作，将农产品的生产、加工、运输、销售等相互衔接，形成市场牵龙头、龙头带基地、基地联结农户的一体化经营体制，实现了农业产业链各环节之间的良性循环，避免了市场交易的不确定性，降低了交易成本，使外部经营内部化，提高了农业组织的经营效益。

4. 服务社会化

服务社会化是指通过一体化组织和各种中介组织，对一体化内各参与主体提供产前、产中、产后的技术、资金、信息、农资、销售、经营管理、人才培训等全程的全方位服务，实现资源共享、优势互补、联动发展，促进农业向专业化、商品化、现代化发展。

5. 管理企业化

通过公司、合作社、农户的联结，采用合同契约制度、参股分红制度等利益联结机制，把各个参与主体构成一体化经济利益共同体；参照管理工业企业的办法经营和管理农业，建立统一核算和风险共担的收入分配机制，实行企业化运营，促进科技成果的扩散和采用；引导农户分散的生产及产品逐步走向规范化和标准化，解决分散生产与集中销售、小生产与大市场的矛盾，实现农业生产的规模化、区域化、专业化，从根本上促进传统农业向设施农业、工厂化农业的转变。

二、农业产业化经营的基本要素

第一，龙头企业。龙头企业依托主导产业和生产基地建立的资金雄厚、规模较大、辐射带动作用较强的农产品生产、加工、流通企业。龙头企业一般建设起点高、技术水平和经营管理水平高、产品质量科技含量高、附加价值高，经济、生态、社会效益高，设备工艺技术产品新。

第二，主导产业。主导产业指一个地区在特定时期内产业体系中技术较先进、生产规模大、商品率高、经济效益显著、产业结构占比较大，对其他产业发展有较强带动作用的产业。

第三，生产基地。专业化、商品化的生产基地是龙头企业的依托，是农户与企业联结的纽带。在农户分散、专业化水平较低时发挥基础作用。

第四，利益分配机制。利益分配机制指龙头企业和农户之间的利益分配关系，基本原则是风险共担、利益共享，基本类型有资源整合型、利润返还型、价格保护型、市场交易型。

资源整合型主要表现为相关农业企业集团以各种形式与农户结成利益共同体，带动农户进入市场，使农产品生产、加工、销售有机结合，相互促进。农户以土地、劳力、资金、设备和技术等要素参股，拥有股份，参与经营管理。企业和农户通过契约约定交易数量、质量、价格、分红模式。

利润返还型是农业企业和农户签订合同，确定所提供农产品数量、质量、价格，约定返还标准，按照所提供农产品数量返还一部分利润。该类型能充分调动农户积极性，农户可以分享农产品加工、流通环节的利润。

价格保护型是指企业与农户通过签订购销合同，对农产品采取保护价收购，建立双方稳定的联系，当市场价格低于保护价时，企业按照合同保护价收购。该方式解决了农户销售的后顾之忧，保护了农户生产积极性，保证了企业原料供应的稳定性，使双方利益都得到了很好保障。

市场交易型是指企业与农户不签订合同，农产品按照市场价格进行收购，自由买卖，该类型双方没有任何经济联系和经济约束，农户比较容易缺乏积极性。

三、农业产业化经营的组织形式

（一）龙头企业带动型

龙头企业带动型是产业化经营最基本的组织形式。它以农产品加工、运销企业为龙头，重点围绕一种或几种农产品的生产、加工和销售，与生产基地和农户通过契约关系建立起相对稳定的经济联系，进行一体化经营，形成风险共担、利益共享的专业化、商品化、规范化的经济共同体。通过龙头企业联基地，基地联农户，强化农业资源开发，积极发展农副产品加工，统一销售农产品，实现专业协作。

联结方式包括合同订购、保护价收购、建立服务体系、利润返还、提供风险保障、反租倒包、互相参股等。实际运作中，又有两种具体的做法：①龙头企业直接与基地农户联结，农户为龙头企业提供原料性农产品；②基地农户通过组建专业合作社作为中介来联结龙头企业，专业合作社组织社员进行生产，并集中把农产品交给龙头企业销售。

（二）市场带动型

市场带动型通过培育和发挥专业市场的枢纽作用，以农产品专业市场和交易中心为依托，不断拓宽商品流通渠道，上连专业生产基地和农户，下接消费者和客户，为当地及周边地区农产品区域专业化生产提供信息，带动区域专业化生产，形成区域专业化优势，带动生产、加工、销售产业链的发展和完善，节省各个市场主体的交易成本，提高整个产业链条的运营效率和经济效益。这种组织形式主要适用于不必进行深加工，只进行初级分类整理即可出售的新鲜蔬菜、瓜果等农产品，联结方式通过签订农副产品购销合同予以实现。

（三）合作经济组织带动型

合作经济组织带动型通过发挥合作社或农业协会等合作经济组织的作用，为农民提供产前、产中、产后等多种服务，对外统一经营，对内无偿或低偿服务，以解决农民分散生产与大市场之间的矛盾。农民通过专业组织集体进入市场，形成规模生产，农户按照合作组织的要求专于农产品生产，提高了农户规模效益，保障了农户得到整个产业链的最大化利益。

（四）中介组织带动型

中介组织带动型在农民自愿的基础上，以各类中介组织为依托，以产前、产中、产后诸环节的服务为纽带，实行跨区域联合经营和生产要素大跨度优化组合，形成市场竞争力强、生产、加工、销售一体化的企业集团。中介组织带动型有利于信息沟通，有利于协调各种关系，有利于合作开发。其联结方式表现为政府推动下的松散性组织。该类型的特点是民办民营、跨区联合、服务连接、互惠发展。

（五）主导产业带动型

主导产业能够对其他产业和整个经济发展产生较强劲的推动作用。该类型根据市场需求，充分利用当地资源，通过发展优势或特色农产品生产经营，形成区域性主导产业和拳头产品，发挥集聚效应，扩大经营规模，提高生产档次，组织产业群、产业链，围绕主导产业发展产加销一体化经营，带动当地经济的发展。该类型的特点是主导产业上连市场，下接农户，将农产品的生产者、加工者、供销者紧密结合为一个风险共担、利益共享的共同体。

第三章　农产品市场与营销管理

第一节　农产品市场供给与需求

一、农产品供给

(一) 农产品供给函数

1. 农产品供给原理

农产品供给是指在某一特定的时期内，生产者（农户）在某个价格水平上有能力和意愿出售的特定农产品的数量。供给是出售愿望和出售能力的统一，因此，生产者具有出售意愿和出售能力是构成某种农产品有效供给的两个必备条件。供给有个人供给和市场供给之分，这里主要讲个人供给。个人供给是指单个生产者的供给数量；市场供给也称总供给，表示在既定的市场价格下，所有愿意提供农产品的生产者提供的农产品数量之和。其他条件保持不变，随着农产品价格升高，生产者对该农产品的供给量增加；反之，如果该农产品价格下降，生产者的供给会随之减少，这一规律被称为供给原理。

2. 农产品供给曲线

（1）农产品供给曲线的内涵。农产品供给曲线是描述价格和农产品供给量之间关系的图形。如图 3-1 所示[①]，农产品供给曲线是一条向右上方倾斜的曲线。供给曲线上的每一点都反映了价格和供给量的对应关系。例如，A 点表示，当农产品价格为 P 时，供给量为 Q。供给曲线显示价格和供给量具有正相关关系，即农产品价格上升，供给量增加，此时价格和供给量的组合移到 B 点；价格下降，供给量减少，此时价格和供给量的组合移到 C 点。我们把这种在同一条供给曲线上的变动称为供给量的变动。

[①] 本节图片均引自陈池波《21 世纪农业经济管理重点学科规划教材——农业经济学》，武汉大学出版社，2015 年版。

价格（P）

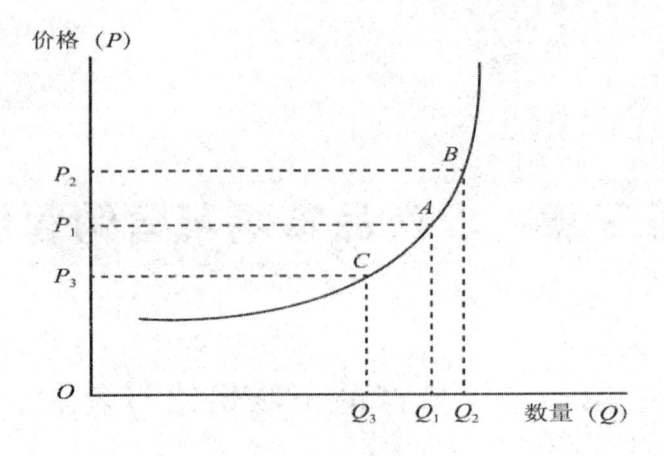

图 3-1　农产品供给曲线

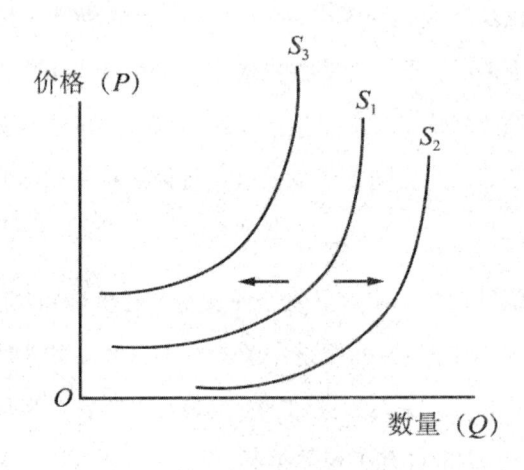

（2）农产品供给曲线的移动。农产品供给曲线在假设其他条件不变的情况下，描述农产品的供给量如何随着价格的变动而变动，表现的是供给曲线上点的移动，如图 3-1 中 B 点到 A 点和 C 点的移动。但是，某些因素会改变一种农产品既定价格水平下的供给量，这时供给曲线就会发生移动。图 3-2 说明了供给曲线的移动。任何使既定价格水平下的供给量增加的变动都会使供给曲线向右移动，我们称这种移动为供给增加，如供给曲线 S_1 到 S_2 的移动。相反，使既定价格水平下的供给量减少的任何变动都会使供给曲线向左移动，这种移动称为供给减少，如供给曲线 S_1 到 S_3 的移动。这种供给曲线的移动，就称为供给的变动。

图 3-2　农产品供给曲线的移动

3. 农产品供给函数公式

假定在图 3-1 与图 3-2 中引起曲线变化的自变量为影响农产品供给的因素，因变量为农产品供给量，那么把表示影响因素与供给量之间关系的函数关系称为供给函数。用 Qs

表示农产品的供给量，则农产品供给函数公式如下：

$Q_s = f(P, T, P_r, S, E, O)$ (3-1)

式中：f——函数关系符号；

P——农产品自身的价格；

T——技术进步；

P_r——相关农产品的价格；

S——农产品储备；

E——政策因素；

O——其他影响因素。

以上供给函数的表达式并不是严格的数量关系，而只是显示农产品供给和影响因素之间的变化趋势关系。在进行经济分析时，我们通常会在研究影响因素和农产品供给量之间的数量关系时为了简化模型而假定其他因素条件为稳定不变。

（二）农产品供给的影响因素

1. 农产品的价格

根据供给原理，农产品的价格升高，导致供给量增加；反之，价格下降会引发供给量减少。但是由于耕地面积的限制，在短期内当价格升高时，农产品的供给量不会无限制地增加。不同的农产品随着自身价格的变化，供给量的变化趋势也不一样。

2. 技术进步

农产品的供给受土地约束最为严重，在土地面积保持不变的情况下，单产的提高就主要依靠技术进步来实现。任何有利于降低单位农产品的成本、增加单产的技术都会增加供给。

3. 替代商品与互补商品的价格

除了农产品自身价格以外，其他相关商品的价格也会影响该农产品的供给量。在这里我们考察两种商品。一种是互补商品，即通常同时消费才能满足消费者的某种需求的两种商品，如面包圈和奶酪。根据供给原理，当面包圈的价格上涨后，生产者会增加对面包圈的供给，从而导致奶酪的供给也会增加，因为它们被同时消费。因此，如果两种农产品是互补商品，一种产品的价格和另一种商品的供给量呈正相关关系。

另外一种是替代商品，通常它们能够满足消费者相似的需求，所以我们不需要同时消费，而是选择其中的一种，如牛肉和猪肉。根据供给原理，如果牛肉价格上涨，农户就会多养殖肉牛而减少对猪的养殖，从而导致猪肉的供给量减少。因此，当两种农产品是替代商品时，一种产品的价格和另一种商品的供给量之间具有负相关关系。

4. 农产品储备

农产品储备是流通的蓄水池，起着调节市场供求的作用。在农业生产歉收、供不应求时，库存量可以弥补市场供给不足。对于容易储存的农产品，在现时市场供大于求、价格低落时，可以暂予储存，减少市场供给量，等价格上涨时再出售。

（三）农产品供给弹性

1. 供给价格弹性

供给价格弹性是指供给量变动的百分比与价格变动的百分比的比值，计算公式如下：

$$E_{sp} = \frac{\Delta Q/Q}{\Delta P/P} = \frac{(Q_1 - Q)/Q}{(P_1 - P)/P} \quad (3-2)$$

式中：E_{sp}——为供给价格弹性；

ΔP——为价格的变化；

ΔQ——供给量的变化；

P——价格的初始值；

Q——供给量的初始值；

P_1——变化后的价格；

Q_1——变化后的供给量。

当 $E_{sp}=0$ 时，供给对价格完全无弹性，即当价格发生变化时，供给量不发生变化。农产品中，供给完全无弹性的商品几乎不存在。

当 $0<E_{sp}<1$ 时，供给对价格缺乏弹性，即供给量变化的比例小于价格变化的比例。从短期看，大部分农产品的供给对价格而言是缺乏弹性的，因为农产品具有一定的生长周期且不易储存。所以当价格发生变化时，农产品的供给量很难在短期内得到调整。

当 $E_{sp}=1$ 时，供给对价格具有单位弹性，即供给量变化的比例等于价格变化的比例。

当 $E_{sp}>1$ 时，供给对价格富有弹性，即供给量变化的比例大于价格变化的比例。

当 E_{sp} 无限大时，供给对价格具有完全弹性。

2. 供给弹性的影响因素

农产品供给对价格的敏感程度受许多因素的影响，主要包括考察期限的长短、农产品的耐储存性以及农产品的成本构成。当然很多时候，农产品的供给价格弹性是受这些因素的综合作用影响的。

（1）考察期限的长短。考察农产品对价格的敏感程度可以从短期、中期和长期来判断。从短期来看，由于农产品生产具有周期性且不易储存，因此农产品的供给价格弹性很小；从中期来看，我们发现农产品表现出较高的供给价格弹性；从长期来看，我们可以看到农产品供应表现出波动性。

（2）农产品的耐储存性。如果农产品不易储存或者储存费用很高，当价格较低时，农户无法或者不愿意储存部分农产品。所以当价格降低时，农产品的供给量不会减少；当价格升高时，因为没有存货，所以无法增加供给。对于较耐储存的农产品来说，农产品的供给可以根据价格的变化通过存货进行调整。因此，通常来说，耐储存的农产品的供给价格弹性较高，不耐储存的农产品的供给价格弹性较低。

（3）农产品的成本构成。对于我国以小规模为特征的农业生产来说，农产品的生产成本主要是固定资产折旧费和低值易耗品的费用。农机具、生产建筑物等都属于固定资产；种子、化肥、农药等属于低值易耗品。固定资产投入较高的农产品价格供给弹性较小，因为扩大生产需要更多的资金和时间，而且转产能力较弱。

二、农产品需求

（一）农产品需求函数

1. 农产品需求原理

农产品需求是指在某一特定时期内，在一定价格水平上消费者愿意且能够购买的某种农产品的数量。需求是购买意愿和购买能力的统一，因此，购买者具有购买意愿和在现行价格条件下具有购买能力，是构成该农产品的有效需求的两个必备条件。需求有个人需求和市场需求之分：个人需求是指单个消费者的消费数量；市场需求是全部消费者的需求量的总和。设其他条件不变，某种农产品价格的提高，会导致消费者对该农产品的需求量减少；反之，如果价格降低，消费者对农产品需求量增多，这一规律被称为需求原理。

2. 农产品需求曲线

（1）农产品需求曲线的内涵。农产品需求曲线是描述价格和农产品需求量之间关系的图形。如图3-3所示，农产品需求曲线是一条向右下方倾斜的曲线。需求曲线上的每一点都反映了价格和需求量的对应关系。例如，A点表示，当农产品价格为P_1时，需求量为Q_1。需求曲线显示价格和需求量具有负相关关系，即价格上升，需求量降低，此时价格和需求量的组合移到B点；价格下降，需求量上升，此时价格和需求量的组合移到C点。我们把这种在同一条需求曲线上的变动称为需求量的变动。

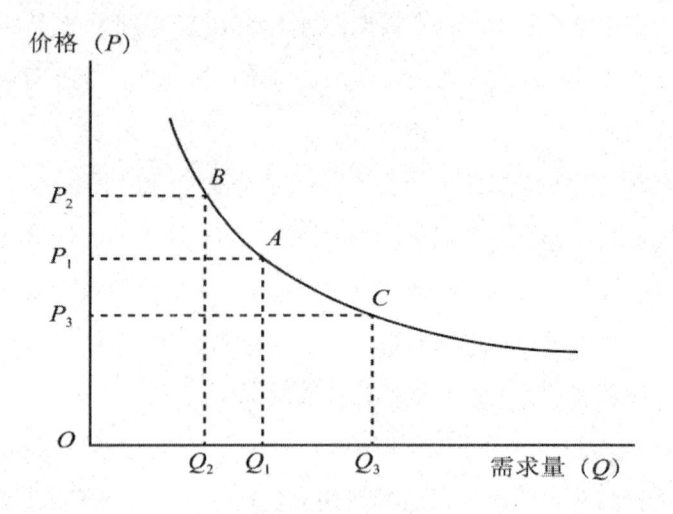

图 3-3　农产品需求曲线

(2) 农产品需求曲线的移动。农产品需求曲线是在假设其他条件不变的情况下，描述农产品的需求量如何随着价格的变动而变动，表现的是需求曲线上点的移动，如图 3-3 中，B 点到 A 点和 C 点的移动。但是，有时某些因素会改变一种农产品既定价格水平下的需求量，这时需求曲线就会发生移动。图 3-4 说明了需求曲线的移动。使既定价格水平下的需求量增加的任何变动都会使需求曲线向右移动，我们称这种移动为需求增加，如需求曲线 D_1 到 D_2 的移动。相反，使既定价格水平下的需求量减少的任何变动都会使需求曲线向左移动，这种移动称为需求减少，如需求曲线 D_1 到 D_3 的移动。我们把这种需求曲线的移动称为需求的变动。

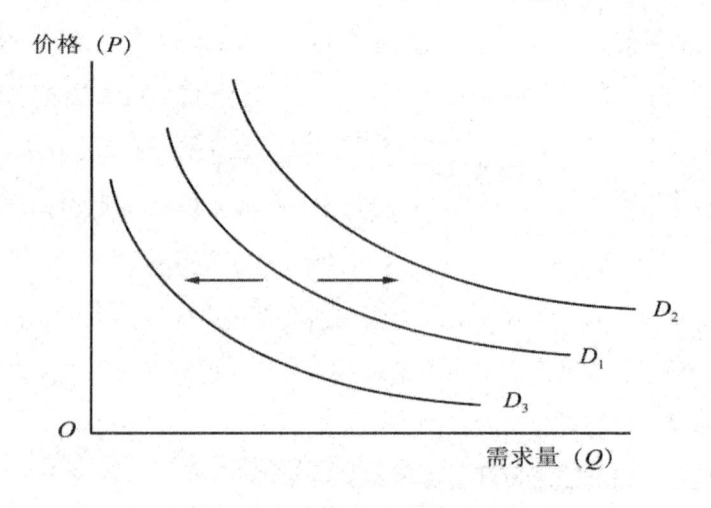

图 3-4　农产品需求曲线的移动

3. 农产品需求函数公式

影响农产品需求的因素有很多，如果我们把需求量和这些影响因素之间的关系表示成函数的形式，则称为农产品需求函数。如果我们用 Q 表示消费者对农产品的需求量，则需求函数公式如下：

$Q_d = f(P, I, N, P_r, F, E, O)$ (3-3)

式中：P——农产品自身的价格；

I——消费者的收入；

N——消费人口的数量和结构；

Pr——相关农产品的价格；

F——消费者的偏好的消费习惯；

E——消费者对未来的预期；

O——其他影响因素。

需求函数的表达式并不是严格的数量关系，而只是显示农产品需求和影响因素之间的变化趋势关系。在进行经济分析时，我们通常会假定其他条件保持不变，研究一个或多个影响因素和需求量之间的数量关系。

（二）农产品需求的影响因素

1. 农产品自身的价格

根据需求原理，农产品自身价格和其需求量呈负相关关系，即价格提高，需求量减小；价格下降，需求量增大。当然，也有价格和需求量同方向变动的特例，一类是吉芬商品，另一类是奢侈品。

吉芬商品通常是消费者维持最低生活所需的商品。罗伯特·吉芬于 1845 年在爱尔兰观察到一个现象：当年爱尔兰爆发了大灾荒，导致在饥荒中土豆的价格急剧上涨，但爱尔兰农民反而增加了对土豆的消费。这是因为当时人们本来就非常贫穷，而土豆是其维持生计的食品。当土豆价格较低时，人们还有经济能力消费一些其他的食品。但当价格上涨时，为了维持生计，人们根本没有能力消费和以前同等数量的其他食品，只好转而消费更多的土豆。

奢侈品价格昂贵，非一般人消费得起。消费奢侈品一般是为了炫耀，以显示其身份与地位。当价格很低时，拥有它就无法达到炫耀的目的，需求量反而下降。最典型的奢侈品就是珠宝。当珠宝价格很高时，购买它才足以显示自己的身份和地位，所以此时珠宝需求量会增加。

2. 消费者的收入水平

对于大部分商品而言，收入和需求量呈正相关关系，即收入增加，需求量会随之增加；收入减少，需求量会随之减少。这类商品称为正常商品。但并非所有商品都是正常商品。收入增加需求量反而减少、收入减少需求量反而增加的商品称为低档商品，低档商品对于某一消费者是低档商品的物品，对于其他的消费者来说并不一定是低档商品。

3. 消费人口的数量和结构

在消费水平一定的条件下，消费人口的数量和结构是影响农产品需求的最直接的因素。对于一个在校园里营业的商店来说，当暑假临近的时候，其水果的销量减少，因为学生陆续离开学校，学生数量的减少导致对水果需求量的减少。从长期来看，我国人口数量呈不断增长的趋势，农产品的需求也呈刚性增长。而在某一时点上，消费者的结构，例如年龄结构、性别结构、城乡结构等，也会对农产品的需求产生影响。城镇人口对农产品的需求要高于农村人口，因为大部分农村人口的农产品消费可自给自足。

4. 互补商品和替代商品的价格水平

除了农产品自身价格以外，互补商品和替代商品的价格也会影响该农产品的需求量。在美国，面包圈通常和奶酪一起吃，如果面包圈的价格上涨，需求定理告诉我们，消费者对面包圈的需求量就会减少，那么消费者对奶酪的需求也会减少，因为它们通常同时消费。所以，当两种农产品是互补商品的时候，一种产品的价格和另一种产品的需求量之间具有负相关关系。而当牛肉的价格上涨，人们就会减少对牛肉的消费，从而转向消费更多的羊肉。所以，当两种农产品是替代商品的时候，一种产品的价格和另一种产品的需求量之间具有正相关关系。

5. 消费者的偏好和消费习惯

决定一个消费者的需求的最明显的因素是偏好。消费偏好不仅受经济因素的影响，而且还受社会因素、心理因素等的综合影响。消费者的偏好在受到经济因素、社会因素和心理因素等影响时会发生改变，从而导致对某种产品的需求量的变化。消费习惯也是影响需求的重要因素，消费习惯的形成往往与所居住的自然环境、社会传统、消费者受教育程度以及文化背景等有关。

6. 消费者对未来的预期

消费者对未来的预期也会影响现在的需求。如果预期明天苹果的价格会下降，那么人们可能不愿意以今天的价格去买苹果，而是等到明天去买。如果预期下个月的工资会上涨，那么这个月人们可能会选择少储蓄，而用更多的收入去购买所需要的农产品。

7. 其他因素

除以上因素外，还有很多其他因素也影响着人们对农产品的需求，如政府的消费政策、产品品牌的知名度等。随着人们生活水平的提高和消费观念的转变，人们对产品的营养价值和质量安全越来越重视。例如，近几年兴起的有机蔬菜，由于在种植、加工等生产过程中不使用农药、化肥、生长调节剂等化学物质，不采用转基因技术，在上市前通过有机食品认证机构全程监督和审查，有着良好的质量保证。这也是超市里的有机蔬菜价格虽较高，但仍然有大量需求的原因。

（三）农产品需求弹性

1. 农产品需求价格弹性

需求价格弹性是指需求量变动的百分比与价格变动的百分比的比值，其计算公式如下：

$$E_{dp} = \frac{\Delta Q/Q}{\Delta P/P} = \frac{(Q_1 - Q)/Q}{(P_1 - P)/P} \quad (3-4)$$

式中：E_{dp}——需求价格弹性；

ΔP——价格的变化；

ΔQ——需求量的变化；

P——价格的初始值；

Q——需求量的初始值；

P1——变化后的价格；

Q1——变化后的需求量。

通常，我们考察的是需求价格弹性系数｜E_{dp}｜，即弹性数值的大小。

当｜E_{dp}｜=0时，需求对价格完全无弹性，即当价格发生变化时，需求量不发生变化。通常我们近似认为，大蒜、葱、姜、胡椒粉等用量不多的调味品的需求价格弹性为零。

当0<｜E_{dp}｜<1时，需求对价格缺乏弹性，即需求量变化的比例小于价格变化的比例。大部分农产品的需求对价格是缺乏弹性的，因为农产品是人们的生活必需品，而且农产品不耐储藏，所以当价格发生变化时，其需求量变化不大。

当｜E_{dp}｜=1时，需求对价格具有单位弹性，即需求量变化的比例恰好等于价格变化的比例。

当｜E_{dp}｜>1时，需求对价格富有弹性，即需求量变化的比例大于价格变化的比例。

2. 农产品需求收入弹性

农产品需求收入弹性是描述农产品需求量对于收入变化的敏感程度的指标，即当消费者收入上涨（下降）百分之一农产品需求量变化的比例。农产品需求收入弹性是需求变动的百分比与收入变动的百分比的比值，其计算公式如下：

$$E_{di} = \frac{\Delta Q/Q}{\Delta Y/Y} = \frac{(Q_1 - Q)/Q}{(Y_1 - Y)/Y} \quad (3-5)$$

式中：ΔY——收入的变化；

ΔQ——需求量的变化；

Y——收入的初始值；

Q——需求量的初始值；

Y1——变化后的收入；

Q1——变化后的需求量。

不同种类的商品具有不同的需求收入弹性，在这里我们把商品分为正常商品和低档商品。正常商品具有正的需求收入弹性，即收入上升，需求量增加；收入下降，需求量减少。有时我们把正常商品分为正常必需品和正常奢侈品。消费者对必需品的需求对于收入缺乏弹性，$0 < E_{di} < 1$，即需求上升（或下降）的比例小于收入上升（或下降）的比例。比如，随着生活水平的提高，当收入上升时，人们对新鲜蔬菜和食用粮食的需求并不会增加很多，这就是我们上面讨论过的恩格尔定律。因此，在一个经济周期中，整个市场对这些产品的需求量是基本稳定的。消费者对奢侈品的需求对于收入富有弹性，即 $E_{di} > 1$。

低档商品具有负的需求收入弹性，即 $E_{di} < 0$。当收入上升时，对低档商品的需求量降低；当收入下降时，需求反而增加。

在一个给定的市场经济中，同一农产品的需求收入弹性会因不同的消费者而不同。被收入较高的消费群体视为必需品的商品，可能被收入较低的消费者视为奢侈品。而且，同一商品的需求收入弹性也会随着时间的变化而改变。消费者对于一种产品价值的认知不仅受自身消费偏好的影响，还会受到进入市场的产品的影响。

三、农产品供求平衡

（一）农产品市场均衡价格及数量

如图 3-5 所示，某种农产品的市场需求曲线和供给曲线相交于 E 点，对应的价格为 P_e，对应的需求量和供给量相等，为 Q_e。我们把在某种价格条件下（如 P_e），市场上某种农产品的供给量和需求量恰好相等的状态称为该农产品市场均衡，这个价格被称为均衡价格，这时的数量被称为均衡数量。在均衡价格下，消费者愿意且能够购买的数量恰好和生产者愿意且能够出售的数量相等，实现了生产和消费的统一。

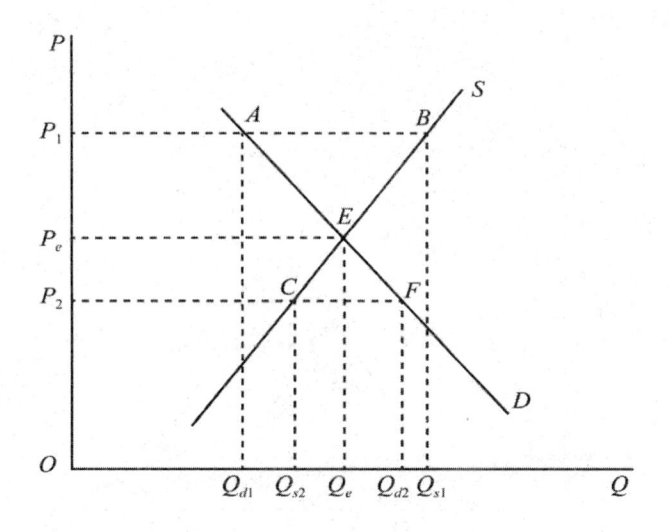

图 3-5　农产品市场均衡

当农产品的市场价格不等于均衡价格的时候会出现什么情况呢？

假设某种农产品的市场价格高于均衡价格，如图 3-5 中的 P_1，此时需求量为 Q_{d_1}，供给量为 Q_{s_1}，供给量大于需求量。此时该农产品存在过剩，即在现行的价格条件下，供给者不能卖出它们想卖的所有农产品，A 点和 B 点之间的距离为超额供给。供给者对于过剩的反应就是降低价格，从而使得需求量增加，供给量减少。价格会持续下降，直到降至 P_e，此时市场达到均衡的稳定状态。

同样，当农产品的市场价格低于均衡价格时，如图 3-5 中的 P_2，此时需求量为 Q_{d2}，供给量为 Q_{s2}，供给量小于需求量。此时该农产品存在短缺，即在现行的价格条件下，需求者不能买到他们想买的所有农产品，C 点和 F 点之间的距离为超额需求。供给者对于短缺的反应就是提高价格，从而使得需求量减少，供给量增加。价格会持续升高，直到升至 P_e，此时市场达到均衡的稳定状态。

（二）农产品市场均衡与需求和供给的变动

1. 农产品市场均衡与需求的变动

首先考虑农产品的供给曲线保持不变、需求发生变动（即需求曲线发生移动）的情况。农产品供给的特征之一是农产品生产周期长，从而使农产品的供给在短期内不能得到调整，短期内供给曲线不发生变化。

如图 3-6 所示，供给曲线保持不变，为 S，初始的需求曲线为 D，此时的市场均衡点为 E，均衡价格和均衡数量分别为 Pe 和 Qe。当需求增加时，即在任意价格水平下，消费者有意愿购买且能够购买的农产品的数量增加了，需求曲线向右移动到 D_1，新的均衡点

为 E_1，均衡价格和均衡数量分别为 P_{e1} 和 Q_{e1}。从图中可以看出，新的均衡价格和均衡数量都提高了。

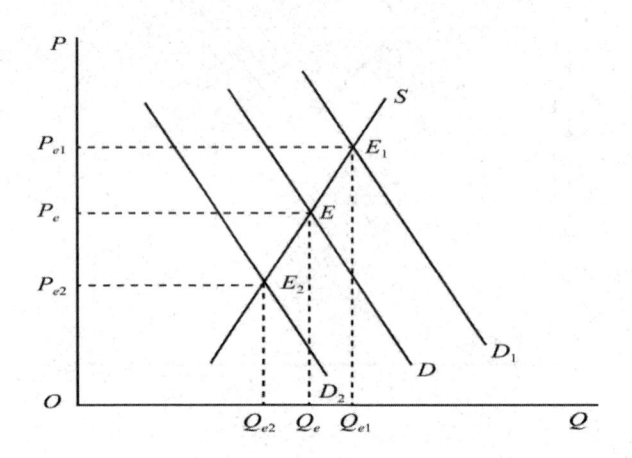

图 3-6 农产品市场均衡与需求的变动

2. 农产品市场均衡与供给的变动

现在考虑农产品的需求曲线保持不变、供给发生变化（即供给曲线发生移动）的情况。虽然短期内农产品的供给不会发生变化，但长期内供给会因为农产品的收获、进口等而发生改变。如图 3-7 所示，初始的市场均衡点为 E，当需求不变、供给增加时，供给曲线向右移动到 S_1，新的均衡点为 E_1，均衡价格和均衡数量分别为 P_{e1} 和 Q_{e1}。从图中可以看出，新的均衡价格下降了，而均衡数量增加了。同样我们可以从图中看出，当供给减少时，新的均衡价格（P_{e2}）上升，均衡数量（Q_{e2}）减少。

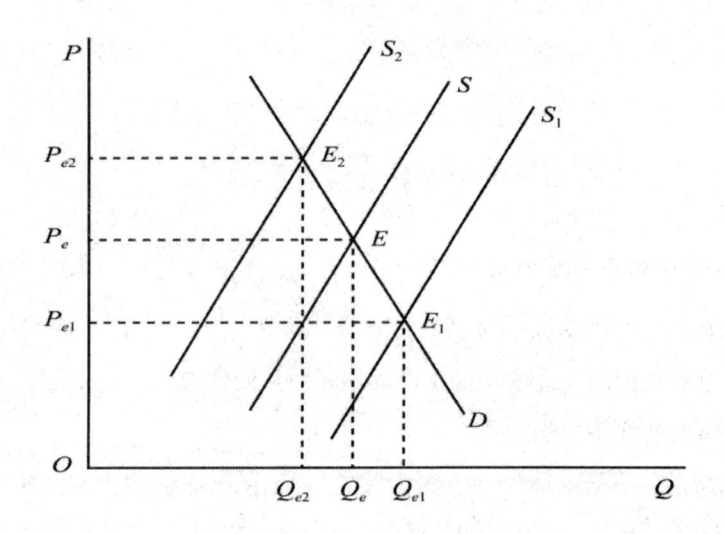

图 3-7 农产品市场均衡与供给的变动

第二节　农产品市场价格形成与制度演变

一、农产品价格的形成机制

(一) 农产品价格形成的理论基础

长期以来，价格形成的基本理论一直是经济学研究中争论的问题。人们对价格形成的解释和认识不尽相同，但是，归纳起来看，有关的理论大致有以下三个方面：

1. 效用决定价格理论

效用是现代经济学的基础范畴。效用是对各式各样的劳动成果作用的抽象概括，即指各种具体的劳动成果的有用性或使用价值的一般化。

效用决定价格论的核心思想是效用的多少决定价格的高低。效用是对劳动成果作用一般化的抽象，是劳动成果客观实现的自然使用价值与社会使用价值统一的一般化表现。因此，如果一件农产品的效用越大，则其价格也相应越高；反之，该农产品的效用越小，则其价格也就越低。反过来，在实际中，农产品价格的高低也可以反映其效用的大小，即价格越高的农产品，表示其效用越大，价格越低的农产品，表示其效用越小。因此，价格的实现与效用的实现具有一致性，在市场上表现为价格是对实现效用的量化。

2. 价值决定价格理论

价值决定价格，但价格的高低可以反过来反映价值的大小。农产品作为农业生产活动的主要成果，其价格也是由农产品的价值决定的。从政治经济学的角度分析，农产品的价值是由三部分组成的，分别是在农业生产过程中消耗的农业生产资料的价值，记为 C；农业劳动者为维持和再生产劳动力所创造的价值，也就是劳动报酬，记为 V；劳动者为扩大再生产和为社会所创造的价值，也就是盈利，记为 M。这样，可得到农产品价值＝C+V+M。其中，(C+V) 反映的是农产品在生产过程中需要花费的生产成本，是农产品价值最基本的组成部分，也是农产品最低价格，即农产品成本价格形成的依据。如果某商品的出售价格低于它的成本价格，则在生产该商品过程中耗费的各项成本便不能全部得到补偿，因而会影响该种商品的再生产。因此，对于农产品价格来说，在补偿完全部的生产成本之后，还要有一定的盈利空间，这样农业资本的积累和农民生活水平的提高才有保障。农产品价值中的盈利包括两部分，一部分是税金，另一部分是利润，故农产品价格只有高于其生产成本与税金之和，才能获取一定的利润。

3. 供求决定价格理论

供求决定价格理论认为，市场价格取决于市场供给曲线与需求曲线的结合，市场供给曲线和市场需求曲线的交点，就是市场的均衡点。市场均衡点所对应的价格，称为均衡价格。如果受某项因素的影响，使得市场供给曲线或市场需求曲线发生变动，则原有的均衡价格就会被打破，并会形成新的均衡价格。

（二）农产品价格形成的影响因素

1. 生产成本

生产成本是农产品价格的重要组成部分，且生产成本是农产品价格的最低界限。农产品的生产成本具体包括土地、劳动力、种子、化肥等传统生产费用。这些传统生产费用的不断上涨，使得农产品价格面临巨大的上涨压力。但随着现代农业的不断发展，农业科技投入在农业生产成本中占的比重越来越大，农业科技投入有助于提高农业劳动生产率，从而降低每一单位农产品的生产成本。因此，农产品价格是上涨还是下降，关键取决于传统生产费用与农业劳动生产率变化带来的生产成本的变化情况。如果传统生产费用的上涨幅度大于农业劳动生产率带来的生产成本的下降幅度，则农产品生产价格将会上涨；反之，农产品价格将会下跌。

2. 政府调控

政府通过价格调控政策，熨平剧烈的价格波动，引导市场形成真实合理的农产品价格。政府调控农产品价格的经济手段可以分为以下几种：

（1）关于价格支持政策（该政策主要针对农产品收购价格）。以粮食最低收购价政策为例，当粮食市场价格低于最低收购价水平时，政府指定的粮食收购部门通过入市收购，增加了粮食初级市场的需求量。在供给量不变的情况下，需求量增加，粮食收购价格将上升。

（2）关于农产品储备政策。政府在农产品批发市场通过公开竞价招标，实现农产品国家储备的吞吐调节。国家将储备投放市场，从而增加了农产品的供给量，带动农产品价格下降。国家从农产品批发市场吸收储备，增加农产品需求量，从而带动农产品价格上升。

（3）关于农产品生产补贴政策。国家通过生产资料补贴或生产直接补贴，增强农民的农业生产积极性，从而引起农产品供给曲线向右移动，继而引起农产品价格下降。

（4）关于农产品消费补贴。国家给予农产品消费者补贴，引起农产品需求曲线向右移动，继而引起农产品价格上升。

3. 市场结构

市场结构决定了农产品交易双方在农产品价格形成中的价格话语权。市场结构可以分为完全竞争市场、垄断竞争市场、寡头垄断市场和完全垄断市场。不同的市场结构下，交易双方的地位和接受的价格水平是不同的。在完全竞争市场上，农产品价格由供给和需求的均衡决定，交易双方都是价格的接受者；在完全垄断市场上，具有垄断势力的一方凭借自己的垄断地位抬高或压低农产品的价格，从而形成对另外一方来说不合理的价格。

4. 市场整合程度

农产品市场整合程度是农产品地区差价和不同流通阶段差价形成的基础。市场整合也称市场一体化，通常分为不同空间市场、不同营销阶段、不同时间和相关商品的整合。空间市场的整合，是指某一市场价格变化对另一市场价格变化影响的程度；营销阶段的整合是指同一商品从生产到批发、零售，再到消费上一环节价格变化对下一环节价格变化的影响程度；相关商品的整合主要是指初级品和加工产品之间的价格影响关系。

（1）如果农产品在不同的地区和流通阶段能够自由流通，农产品信息在不同地区和不同流通阶段能够准确、及时地传递，则称市场是完全整合的。在这种情况下，农产品在输入区的单价等于该产品在输出区的价格加上单位运输成本。输出区的价格变化会引起输入区价格的同样方向和同等程度的变化。不同流通阶段的价格满足下一阶段价格=上一阶段价格+营销成本，这可以很好地解释农产品价格的传导作用。市场整合程度高可以大大减缓价格波动。

（2）如果农产品不能自由流通，信息不能准确及时传递，则称农产品市场是分割的。在这种情况下，农产品不同地区或不同流通阶段价格差除了运输成本或营销成本外还会形成额外成本，从而导致农产品输出区价格偏低、输入区价格偏高以及农产品某一流通环节价格偏高。造成市场分割的原因包括：①价格信息不能够准确、及时地传递；②交通运输条件的掣肘；③政府的行政性干预引起的地方保护主义。

5. 信息传递

信息准确及时传递是形成合理价格的前提。农产品生产者、经营者和消费者获得准确的农产品供给信息和需求信息，是他们做出正确的生产决策、经营决策和消费选择的前提。只有生产者、经营者和消费者决策正确才能在竞争市场上形成合理的供给和需求；只有合理的供给和需求才能形成合理的价格。此外，准确的农产品供给信息和需求信息还必须及时反馈到生产者、经营者和消费者那里，生产者、经营者才能及时调整决策，市场上的供给和需求才能及时出现变化，这样农产品价格才能及时做出调整，消费者也才能及时决定是否购买以及购买多少。

6. 国际价格

国际市场上的农产品价格水平会成为国内市场上农产品价格水平的参照,以农产品国际贸易能够自由进行为假设条件,当国际农产品价格高于国内农产品价格时,出口农产品对农产品贸易商来说有利可图。农产品出口量增加会相应增加国内农产品需求量。需求量增加,在供给不变的情况下农产品国内价格会上升直至达到与国际价格相等的水平;当国际农产品价格低于国内农产品价格水平时,进口农产品对农产品贸易商来说有利可图。进口量增加相应增加农产品供给量,供给量增加,在需求量不变的情况下,国内农产品价格会下降,直至达到与国际价格相等的水平。

（三）我国农产品价格形成机制分析

目前,我国已经建立起了包括初级市场（又称收购市场）、批发市场、零售市场和期货市场在内的农产品市场体系,产生了包括收购价格、批发价格、零售价格和期货价格在内的不同类型的农产品价格,初步形成了以市场调节为主和政府调控为辅的农产品价格形成机制。

"农产品价格形成机制影响着市场经济的健康发展,也与人们的生活息息相关。"① 农产品价格的形成取决于农产品供给和需求的均衡和变化,而农产品供给和需求之间的关系又取决于生产者、经营者（收购商、批发商、零售商以及期货市场套期保值者和投机者）和消费者三种市场主体的选择行为。政府则从农产品价格的决定主体转变为农产品价格的调控者和监督者。

农产品价格形成还存在一系列影响因素。农产品价格形成机制是一个完整的系统。农产品生产者、经营者、消费者相互博弈形成农产品的收购价格、批发价格、零售价格和期货价格。除供求关系这一农产品价格决定因素外,农产品价格形成还受一系列因素的影响,这些因素包括生产成本、政府调控、市场结构、市场整合程度、信息传递以及国际价格等。这些因素最终都将影响农产品的供求关系,进而影响农产品价格的形成。因此,这些因素成为农产品价格形成机制不可或缺的一部分。

农产品生产者、经营者和消费者相互交易形成农产品各级市场,交易者在市场上交易构成的供求关系形成农产品各类市场价格,同时各农产品价格之间存在传递和引导关系,影响农产品价格形成的因素通过影响农产品的供求关系从而影响农产品价格的形成。

---

① 董涛：《发达国家和地区农产品价格形成机制及其特点》,载《世界农业》2015年10期,第69页。

1. 农产品流通体系

农产品价格由农产品供给者和需求者在农产品市场上进行买卖交易而形成。农产品或农产品加工产品从生产领域到达消费领域一般要经历生产、收购、批发（期货交易）、零售和消费等环节。这几个环节的参与者分别为生产者、收购商、批发商、期货市场套期保值者和投机者、零售商和消费者。农产品或农产品加工品物流和供给方面的信息（如数量、质量、参考价格等）逐级向下一个环节的参与者传递，农产品或加工品资金流和需求方面的信息（如数量、品种、质量、参考价格等）逐级向上一个环节的参与者传递。

2. 农产品市场体系与价格体系

农产品买卖双方进行交易的场所称为农产品市场。农产品生产者、收购商、批发商、零售商、消费者、套期保值者和投机者相互交易形成的场所分为农产品初级市场、批发市场、零售市场和期货市场。其中农产品初级市场、批发市场和零售市场构成农产品现货市场。交易双方在各市场上经过供求形成农产品收购价格、批发价格、期货价格和零售价格。

3. 农产品价格之间的相互关系

农产品收购价格、批发价格和零售价格存在逐级传导关系。其中农产品收购价格由生产成本和生产者净收入构成，原因是在我国农业生产中农民工资无法计算，农民出卖农产品的前提是能够收回成本。农产品从初级市场进入批发市场，中间有一个运输和储存的过程，因而批发价格自然包括农产品收购价、运输费用、市场费用和利润。然后，农产品再由批发环节进入零售环节，其中又会发生一定的管理费用，因此农产品零售价格应在批发价格的基础上，再加上管理费用和目标利润而得出。

农产品期货价格，可以用农产品现货价格加上持有成本而得出。由此我们可以得到，农产品现货价格可以用农产品期货价格扣减持有成本而得出。从这个角度来讲，期货价格具有发现现货价格的功能。一般来说，越是成熟的期货市场，它所具备的发现现货价格的功能越是强大。我国农产品期货市场的运行是以政府为主导，且建立在批发市场的基础之上。因此，我国期货市场上的交易者主要来源于农产品批发市场，因而可以得到这样的结论：我国农产品期货价格主要发现的是农产品批发市场未来的价格，这种未来价格再经过批发市场向初级市场和零售市场传递。

二、农产品价格制度的演变

（一）改革开放之前的农产品价格制度

这一时期，在农产品价格制度方面，以计划定价为主。具体可分为以下几个阶段：

1. 市价、牌价并存阶段（1949—1952）

中华人民共和国成立后，由于商品经济十分落后，商品严重缺乏，在价格形成方面，实行牌价与市场价格并存，以牌价为主导。1950年3月，我国颁布了《关于统一全国国营贸易实施办法的决定》，指出国营商业、合作社商业和私营商业的统一领导机关是全国中央贸易部，并逐步建立健全各级国营商业行政管理系统，以加强对全国重要商品的价格管理。

2. 计划定价阶段（1953—1978）

1953年，我国开始实施国民经济发展五年计划，并将经济发展的重心放在工业方面，甚至用牺牲农业的办法来发展工业。因此，这一时期我国农业发展严重落后于工业，农产品市场出现严重的供不应求。国家为了防止农产品出现供销脱节、农产品价格大幅上涨的局面，在农产品价格方面采取了统购统销的政策。于是从1953年下半年开始，国家通过依靠国营企业和合作社对农产品进行统购统销、规定批零差价、消灭私营批发商等措施，将农产品进行计划定价。到1956年底，随着社会主义改造的基本完成，自由市场价格逐渐退出市场，实行高度集中的计划定价体制。

1958年，随着更多管理权限的下放，我国在农产品价格方面出现了由中央政府定价与地方政府定价并存的局面。这一时期的主要特点是中央政府与地方政府定价并存。1958年中央政府和国务院提出要将更多的管理权限下放到地方，并根据不同类型的农产品采取不同的定价方式。具体是对于国家统一收购的农产品的价格由中央与各省、自治区、直辖市共同商议，而其他农产品的价格则更多地由各省、自治区、直辖市进行管理。1961年，中央政府提出收回物价管理的权限，加强物价集中管理。1978年之后，计划经济体制发展到一个严重集权的程度，对农产品价格的管理更加严格。

（二）改革开放到2003年的农产品价格制度

随着改革开放的推进，我国对农产品价格的管理也逐步趋于放开。具体可分为以下几个阶段。

1. 调放结合、以调为主阶段（1979—1984）

由于长期以来的重工轻农以及计划定价阶段对农产品价格管得过死、定价偏低的问题，政府决定要大幅度提高农产品价格。1979年国家大幅度提高了包含粮食、油料、棉花、生猪、鲜蛋在内的18种主要农副产品的收购价格。1980年，国家再次提高棉花收购价格，并提高了桐油、生漆等8种农副产品价格，此外还提高了8种副食品的销售价格，并给城镇居民发放了补贴。1981年提高了大豆、豆油、烤烟、南方木材和毛竹收购价。

1982—1984年，又对个别农产品价格进行了调整。

2. 调放结合、以放为主阶段（1985—1991）

1985年中央颁布了《关于进一步活跃农村经济的十项政策》，规定除个别品种外，国家不再向农民下达派购任务，并按照不同情况分别实行合同订购和市场收购。对粮食、棉花等农产品，国家取消了统购统销政策，实行按合同订购和市场订购相结合的定价方式。具体是对于合同订购的粮食，按照倒三七，即按照三成统购价和七成超购加价计算价格，对于合同订购的棉花，南北方的定价略有差异，北方是按照倒三七、南方是按照正四六比例计价。而对于订购以外的粮食和棉花，则可以自由上市。同时，放开了除粮食、棉花、油料、糖料、烟叶、蚕茧等少数品种以外的绝大多数农副产品的购销制度，实行市场调节。

3. 放开市场、加强市场调控阶段（1992—1997）

1992年，我国进一步放开农产品的购销价格。除了个别农产品，如粮食、棉花等六个品种的收购价格以及粮食和木材两个品种的销售价格列入政府定价目录管理外，其余全部放开。我国先后在1991年和1992年两次提高粮食销售价格，以解决粮食价格长期购销倒挂的难题。1992年放开生猪、猪肉价格，至此副食品购销和价格全部放开。1992年起在部分地区试点全面放开粮食购销价格；1995年后实行政策性购销和商业性购销业务分开，两线运行；1994年和1996年两次大幅度提高粮食收购价格；1997年粮食收购价格基本放开；1993—1995年，先后三次大幅度提高棉花价格，同时，针对农产品价格波动频繁的特点，国家开始构建主要农产品市场调控体系。1990年开始建立国家专项粮食储备和粮食保护制度；建立粮食风险基金和副食品价格调节基金；建立健全各类批发市场，畅通农产品流通渠道；建立农业发展银行，加强财政支农力度；建立健全各种社会化服务体系等。

4. 进一步完善农产品价格形成机制（1998—2003）

1998年，我国开展了以三项政策、一项改革为核心的粮食流通体制改革，即按照保护价敞开收购农民余粮，国有粮食购销企业实行顺价销售，农业发展银行收购资金封闭运行，加快国有粮食企业自身改革。粮食主产区实行粮食购销市场化改革，购销价格由市场形成；粮食主产区执行保护价敞开收购农民余粮政策。1998年，国家降低了棉花收购价格，放开棉花销售价格；1999年建立政府指导下市场化形成棉花价格的新机制，棉花收购价格、销售价格均由市场形成，国家主要通过储备调节和进出口调节等经济手段调控棉花价格；2001年起，桑蚕鲜茧收购价格和干茧供应价格下放至省级价格主管部门管理，由各省根据实际情况确定，同时放开厂丝出厂价格。

(三) 2004 年以来的农产品价格制度

1. 最低收购价与临时收储制度

2004 年，我国放开了粮食购销市场，但国家并非放任不管，而是建立了农产品价格调控体系，先后对稻谷、小麦实行最低收购价制度，对玉米、大豆、油菜籽、棉花等实行临时收储制度。这些政策都是以国家定价和指定收购主体的方式来调控市场波动，既可以发出刺激大宗农产品生产的价格信号，又利于增加农民种植收入，直接推动了粮食产量的连续增长。

2. 目标价格制度 (2014 年至今)

相对于粮食生产成本的逐步升高，粮食市场价格却始终在低价位运行，导致最低收购价政策已不能有效维护农民的利益。因此，从 2014 年开始，我国对农产品价格制度进行进一步改革，逐步实施目标价格制度，并在我国一些省份和部分农产品中进行试点，具体是中央决定从 2014 年起对东北和内蒙古的大豆、新疆的棉花进行目标价格补贴试点，探索实施方法、积累操作经验，再稳步推广到其他重点农产品品种中，体现了试点先行、稳步推进的改革策略。

第三节 农产品市场体系与市场营销

一、农产品市场体系

市场是生产力发展到一定阶段的产物，属于商品经济的范畴，凡是有商品生产和商品交换的地方就必然有市场。随着经济的发展，农产品市场的范围、形式和交易的内容都在发生变化。从市场的活动范围来看，它不仅涉及产前活动如市场调查与预测、产品研发等，而且还延伸到产品的售后活动，如售后服务、信息反馈等。市场的形式也越来越多样化，现代市场的商品交换通过电话、传真、计算机网络就可以顺利实现。

(一) 农产品市场及体系

1. 农产品市场的特征

农产品市场是农业商品经济发展的客观产物，它的含义有广义和狭义之分。

广义的农产品市场是指实现农产品价值和使用价值的各种交换关系的总和。它不仅包括各种具体的农产品市场，还包括农产品交换中的各种经济关系，如农产品的交换原则与交换方式，人们在交换中的地位、作用和相互联系，农产品流通渠道与流通环节，农产品供给与需求的宏观调控等。

狭义的农产品市场是指农产品交易的场所。农业生产者出卖自己生产的农产品和消费者购买自己所需的农产品，需要有供他们进行交换的场所，这种交换农产品的场所就形成了农产品市场，如农贸市场、蔬菜市场、花卉市场等。

农产品市场与其他市场相比，具有以下特征：

(1) 农产品市场具有供给的季节性和周期性。由于受自然条件和生物机理的影响，农业生产具有很强的季节性和周期性，而农产品只有在收获后才能进入市场，这就决定了农产品市场的供给有旺季和淡季之分。为了保证农产品市场供给和消费需求的均衡，必须做好农产品的储存、保管和加工工作，调剂市场上农产品的供求，保证市场的正常供应。

(2) 农产品市场交易的产品具有生活资料和生产资料的双重性质。很多农产品具有生活资料和生产资料的双重性质，如粮食、水果、棉花等，既是人们日常生活的必需品（生活资料），又分别是食品加工业和棉纺工业所需的原材料（生产资料）。

(3) 农产品市场受自然风险和市场风险的双重影响。农业生产包含了动植物的生长、发育、成熟、收获与储运的全过程，因而受到自然与市场双重风险的考验。一方面，农产品生产会受到水、旱、风、雹、冻、热和病虫等自然灾害的影响，使农产品生产面临各种自然风险；另一方面，在市场经济条件下，农产品还会因供求关系变化而造成市场风险，并与自然风险相互交织，形成互为因果的双重风险。当自然风险小时，农产品因丰收质优量大，价格走低，市场风险变大；反之，自然灾害重时，农产品因谦收量少，价格上扬，此时，市场风险相对变小。

(4) 农产品市场经营具有明显的地域性特征。我国幅员辽阔，各地自然条件差异性较大，导致各地的农业生产也有着较强的地域特色，形成了如粮食作物区、经济作物区、牧区和林区等不同的农业生产区域。即使是粮食生产，由于地理环境不同，适宜种植的作物品种也不同，如北方地区多种植小麦，而南方地区则较宜种植水稻。而且由于不同地域的人们的消费习惯不同，从而对各类农产品的需求也是有差异的，如北方人习惯面食，而南方人则偏爱米饭；草原牧区的人们更喜牛、羊等肉食，而沿海地区的居民则更爱各类海产品。为此，要因地制宜做好不同农产品市场的经营，兼顾生产地和消费市场、卖方和买方的利益。

(5) 农产品市场流通具有分散—集中—分散的特点。农产品的生产遍布在全国各地，由全国数亿个小规模的生产单位（含农户）经营，而商品性农产品的消费主要集中在城市。由此形成了农户分散生产，由经营者通过收购、贮藏、运输、加工等环节进行集中，再经批发、零售等环节，最终分散到消费者的流通模式。因此，农产品购销网点的设置和收购方式等都要与这一特点相适应。

（6）农产品市场具有较强的政府宏观干预性。农业是国民经济的基础，农产品是关系国计民生的重要产品，农产品供求平衡且基本稳定是社会稳定和经济发展的保障。因此，对农产品市场的经营活动和农产品价格，既要充分发挥市场机制的调节作用，又要加强宏观调控，以实现市场繁荣和社会稳定两个目标。

2. 农产品市场体系的构成

农产品市场体系是流通领域内农产品经营、交易、管理、服务等组织系统与结构形式的总和，是沟通农产品生产与消费的桥梁和纽带，也是现代农业发展的重要支撑体系之一。

农产品市场体系由以下四个方面构成：

（1）农产品市场主体。农产品市场主体是指具有自身利益、自主参与市场交易活动的所有组织和个人，包括农产品生产者、经营者、消费者和农产品市场调节者。

（2）农产品市场客体。农产品市场客体是指交易当事人之间发生交换关系的标的物，即市场交易的对象。市场客体包括实物形态的商品、知识形态的商品、以等价物形态出现的资金商品和以活动形态出现的劳动力商品等。

（3）农产品市场机制。农产品市场机制是指市场经济中各市场要素互相适应、互相制约，共同发挥作用而形成的市场自组织、自调节，实现自我平衡的功能，即在客观经济规律的作用下，实现生产、分配、交换和消费的自动调节。市场机制包括价格机制、供求机制、竞争机制、激励机制、风险机制等，它们相互联系和作用，共同调节农产品生产和流通机制。

（4）农产品市场组织。农产品市场组织是为保证商品交换顺利进行而建立的协调、监督、管理和服务农产品市场的各种机构、手段和法规。农产品市场组织包括流通组织机构如农产品供销合作社、中介组织如农产品劳动服务公司、管理组织如农产品统计及工商行政等部门、技术管理组织如计量部门、民间组织如农产品行业组织协会等。

（二）农产品零售市场

农产品零售市场又称农产品消费市场，它是农产品的最终交易场所，反映了农产品的生产者、加工者、经营者和消费者等多方面的经济关系。农产品零售市场主要包括露天集市、农贸市场、副食商店、社区便民菜肉店和不同规模的连锁经营超市等。

农产品零售市场的特点包括：①农产品零售市场的辐射范围较小，多限于周边居民的消费并与中心集散市场接近。②交易方式主要是现货交易，交易数量小，交易频率高。③出售已加工的农产品和鲜活农产品。④在农贸市场上，小型批发商和零售商是此类市场的主要供应者；在超市中，农产品及食品的连锁、配送是其供货的基本形式；部分农产品特别是鲜活农产品一般由生产者直接在市场上进行销售。⑤农产品价格一般都高于产地市场和批发市场价格。

（三）农产品批发市场

农产品批发市场又称中心集散市场，是指将来自各个产地市场的农产品进一步集中起来，经过加工、储藏和包装，通过销售商分散销往全国各地的场所及组织。此类市场多设在交通便利或农副产品的主产地，一般规模较大，并设有较大的交易场所和仓储设施等配套服务设施。农产品批发市场每笔交易的数量和金额都较大。

根据经营农产品品种的多少，农产品批发市场可分为综合市场和专业市场。综合农产品批发市场是指主营品种超过三类以上（含三类）农产品的批发市场；专业农产品批发市场是指主要经营某一类农产品的批发市场，包括蔬菜、果品、水产品、肉禽蛋、粮油、花卉、干菜副食调味品、食用菌等批发市场。如山东寿光蔬菜批发市场是我国蔬菜批发市场的标杆，济南维尔康肉类水产批发市场则以冻品和鲜肉为主要交易对象。

农产品批发市场的作用如下：

第一，农产品批发市场是农产品交易流通的中心环节。农产品批发市场是为农产品集中交易提供场所的有形市场，是农产品流通体系与营销体系的核心环节。农产品批发市场作为农产品流通的中心环节，有效地保障了城市供应，解决了农产品的销售问题。大型集散地农产品批发市场由于具有交通便利、功能齐全、辐射范围广等特点，发挥了远距离运输集货和中转批发作用，有力推动了农产品大流通格局的形成。

第二，农产品批发市场满足了交易双方扩大交易规模和交易空间的要求，节约了交易成本和交易时间。农产品批发市场是一种或多种农产品及其系列商品集中进行现货交易的场所，是解决农业生产的大批量与消费形式多样化之间客观矛盾的有效交易形式，能够明显地节省交易成本。批发市场的高效率和低交易费用是零售市场所不可替代的。农产品批发市场的开放性、灵活性的特点和横向经济联系的形式，有利于按照商品的自然流向和运动规律进行流通，促进产销直接见面，极大地节约了交易时间。

第三，农产品批发市场能够充分发挥价值规律的作用，调节农产品生产与流通，推动商品经济发展。拥有众多生产者和消费者的农产品批发市场，具有买卖的广泛性和更充分的市场竞争性，使其成交价格能较好地反映市场供求关系的变化，从而促进生产者和消费者效用的最大化。

第四，农产品批发市场能够为农业生产者提供综合服务，特别是信息服务。农产品批发市场的交易情况，客观地反映了农产品供需及价格等市场信息的变动情况，能够为农业生产经营和决策提供信息指导，尽量规避农产品生产和经营上的盲目性。

（四）农产品期货市场

期货交易是与现货交易相对应的一种交易方式，是商品交换的一种特殊方式，其最早始于农产品期货合约。农产品期货是世界上最早上市的期货品种。狭义的农产品期货市场是指进行农产品期货交易的场所，通常特指农产品期货交易所。广义的农产品期货市场是指农产品期货合约交易关系的总和，它是由相互依存和相互制约的期货交易所、期货交易结算所、期货经纪公司和期货交易者组成的一个完整的组织结构体系。

1. 农产品期货市场的特殊性

（1）交易对象的特殊性。农产品期货市场以农产品期货合约为交易对象。农产品期货合约是一种由期货交易所统一制定、在交易所内集中交易、受法律约束并规定在未来的某一特定时间和某一特定地点交割一定数量和一定质量的某种特定农产品的标准化合约。标准化的农产品期货合约只是现货的象征或代表。

（2）交易商品的特殊性。农产品期货市场中交易的商品是一些具有代表性并且需要具备一定条件的特定农产品。这类农产品通常需要具备两个基本条件：①品质等级易于标准化；②能够长期贮藏且适于运输。另外，对农产品期货市场交易的农产品来说，其现货市场应具备两个基本特征：①特定期货农产品的现货市场接近完全竞争市场；②特定现货市场环境发达完善，使得现货市场交易和投资主体不仅需要而且能够利用期货市场回避现货价格波动的风险或获得风险利润。

（3）交易目的的特殊性。进入农产品期货市场的交易者的目的是利用农产品期货市场进行套期保值，以规避农产品现货价格波动的风险，或是为了利用期货市场价格的上下波动来投机获利。

（4）交易场所与交易方式的特殊性。农产品期货市场中的交易必须在高度组织化的期货交易所内依照期货法规集中进行，即不能分散地进行交易，所有的交易都要集中在期货交易所内通过公开、公正、公平竞争的方式进行交易。

（5）交易保障制度的特殊性。农产品期货市场中的交易虽然也有基本的法律保障，但更重要的则是由会员制度、保证金制度、无负债结算制度等构成的交易保障制度来保障期货交易的正常运行。

（6）交易机制的特殊性。农产品期货市场交易机制的特殊性在于其双向交易和对冲交易。双向交易是指在期货交易中,交易者既可以买入期货合约作为期货交易的开端,也可以卖出期货交易合约作为交易的开端,也就是通常所说的买空卖空。对冲交易指盈亏相抵的交易,即同时进行两笔行情相关、方向相反、数量相当、盈亏相抵的交易。

2. 农产品期货市场的功能

(1) 规避价格风险,保障农户和相关经营者利益。现货交易的农产品价格只能反映即期市场供应的价格。由于农产品生产周期长,不可控因素多,价格往往具有滞后性。随着期货交易的产生和发展,生产经营者可以在期货市场上进行套期保值业务来规避、转移或分散现货市场上农产品价格波动的风险。套期保值能够实现规避价格风险的基本经济原理在于,某一特定商品的期货价格与现货价格在同一时空内会受相同经济因素的影响和制约,因此一般情况下两个市场的价格变动趋势相同。

(2) 发现合理价格。期货交易所是一个公开、公平、公正、竞争的交易场所,它将众多影响供求关系的因素集中于交易所内,通过公开竞价,形成一个公正的交易价格。这一交易价格被用来作为该商品价值的基准价格,通过现代化的信息传递手段迅速传递到全国各地,人们可以利用此价格来制定各自的生产、经营和消费决策。期货交易具有发现价格的功能,主要原因如下:

第一,期货交易参与者众多,成千上万的买家和卖家集聚在一起进行竞争,代表了供求双方的力量,有助于真实价格的形成。

第二,期货交易中的交易主体大都熟悉某种商品行情,有着丰富的经营知识和广泛的信息渠道以及一整套科学分析、预测方法。

第三,期货交易透明度高,竞争公开化、公平化,有助于形成公正的价格。期货市场是集中化的交易场所,自由报价,公开竞争,避免了现货交易中一对一的交易方式极易产生的欺诈和垄断行为。通过规范化的市场和公平竞争形成的期货价格,能比较客观地反映未来农产品的供求状况和价格走势,可以给农产品的经营者提供具有权威性的下一生产周期的合理预期价格。

(3) 风险投资功能。风险投资功能主要是针对期货投机者而言的。期货风险投资一般包括两层含义:①投资者将一定金额的货币资金用于期货交易项目,即买卖期货合约;②投资者参与期货交易的目的主要是获得以货币表示的经济收益。因而期货风险投资是一个含义较为广泛的概念,无论投资主体是为了获取转移风险的经济收益,还是为了获得超额利润,只要特定的投资主体是为了获取经济收益而用一定数额的货币买卖期货合约,就都属于期货风险投资行为。

(4) 资源配置功能。资源配置功能的发挥不是通过直接实物交割来实现的,而主要是通过期货市场的杠杆作用，间接调配物资在期货市场外流转。同时，期货市场快捷的信息传递、严格的履约保证、公平公开的集中竞价、简捷方便的成交方式，全方位地、迅速有效地抹平区域性不合理的价差，也促进了资源配置效果的实现。

二、农产品营销

农产品营销在我国尚处于起步阶段。改革开放以来，伴随着商品农业的发展和农业劳动生产率的迅速提高，我国农业从生产型、数量型、自给型向品质型、效益型、商品型过渡。目前我国农业仍处于从传统农业向现代农业发展的转型时期，农产品营销发展滞后，主要体现在农民的营销观念淡薄、市场营销体系不健全、营销主体缺位、营销模式单一、市场信息不畅通等方面。因此，加强培育农民的现代市场营销意识，规范农民的经营行为，积极开拓国际市场，借助网络营销平台，对扩大农产品交换，促进农业增效、农民增收具有重大意义。

（一）农产品营销特点

农产品营销是市场营销（指个人和群体通过创造并同他人交换产品的价值，以满足需求和欲望的一种社会过程和社会管理过程）的重要组成部分，是指农产品生产者与产品市场经营者为实现农产品价值进行的一系列价值交换活动。农产品营销的根本任务就是将生产出来的农产品以合理的价格、适当的流通渠道销售给消费者，以此解决生产与消费的矛盾，满足人们生产或生活的需求。"推动农产品市场营销是促进农村经济发展、拓宽销售渠道的必然选择。"[①]

农产品营销的特点如下：

1. 农产品市场主体规模小且分散

当前我国农业生产仍以农户为主，生产规模小而分散，市场谈判能力较差，对市场信息收集、分析能力的欠缺又导致生产存在很大的盲目性，从而造成了农产品供给周期性波动的现象。规模小而分散的市场主体也使得农产品的流通环节过多，且运输环节难以形成规模经济。

2. 农产品经营风险较大

农产品经营风险主要表现为市场风险和非市场风险两类。由农产品市场供求关系变化导致的为市场风险，而由自然灾害、经营环境恶劣等造成的则为非市场风险。由于农产品批发市场价格波动幅度较大，致使从事农产品批发业务的中间商承担了较大的市场风险。

[①] 闫馨：《乡村振兴背景下农产品市场营销策略》，载《农家参谋》2022 年 17 期，第 61 页。

农产品价格剧烈波动的原因如下：

（1）鲜活、易腐类农产品不耐储存的特性，要求从产地运到销地批发市场后，无论高价低价，都必须在较短时间内出售。

（2）规模小而分散的农产品市场主体在生产经营决策上的盲目性和机会主义，加重了批发市场农产品供需间的不平衡。

（3）农产品批发商无法及时准确地获得市场行情信息也会导致农产品价格的波动，增加了农产品经营者的市场风险。

3. 缺乏促进农产品品质优化的流通机制

当前我国的农业生产中对化肥、农药的依赖性仍然较强，导致我国农产品虽然总体产量较大，但内在品质不高。近年来，随着人们生活水平的提高和绿色健康生活理念的普及，发展绿色有机农业成为一种必然的趋势。但是在目前的农产品市场上，农产品的供给者与购买者之间在产品内在品质上的信息不对称，导致了一般农产品将优质农产品排挤出市场的逆向选择。

4. 受政府宏观调控的影响较大

农产品是关系国计民生的重要产品，由于农户生产分散，且抵御市场风险能力有限，政府都会实施扶持农业生产的政策来对农业生产和经营进行宏观调控，从而会对农产品市场的供需产生巨大的影响。

（二）农产品营销策略

1. 农产品目标市场营销

目标市场营销是指企业识别各个不同的购买者群体，选择其中一个或几个作为目标市场，运用适当的市场营销组合，集中力量为目标市场服务，满足目标市场的需要。农产品目标市场营销通常由以下步骤组成：

（1）农产品市场细分。农产品市场细分，就是根据农产品总体市场中不同地域的消费者在需求特点、购买行为和购买习惯等方面的差异性，将农产品总体市场划分为若干个不同类型的消费者群的过程。每一个消费者群构成一个有相似需求和欲望的细分市场。农产品市场细分是对消费者的不同需求或行为的分类，而非对产品或企业的分类。

第一，农产品市场细分的标准。作为消费者市场的重要组成部分，农产品市场细分也依据常用的四大细分变数：①地理细分，指根据消费者所处的地理位置和地理环境来细分消费市场。其细分标准包括地区、人口规模、人口密度、气候、地形、交通等指标。其细分依据是：生活在不同地理位置的消费者，对农产品有着不同的需求和偏好。②人口细分。人口是市场三要素之一，人口细分是指根据消费者的年龄、性别、职业、家庭、家庭生命周期、种族、宗教信仰、收入、教育、民族和国籍等人口统计变量，将市场划分为若干个不同的群体。人口变量是农产品市场细分的重要标志，也是四大变量中最容易测量的。③心理细分，指按照人们的个性或生活方式等变量对农产品市场进行细分。随着社会经济的发展以及人们生活水平的提高，特别是在生活比较富裕的地区，人们选购农产品受心理因素的影响越来越大。④行为细分，指是按照消费者的购买行为因素，如使用情况、购买习惯、追求的效益、品牌忠诚度等对市场进行划分。

第二，市场细分需要注意的问题。包括：①市场细分的细分变数并非一成不变，而是动态的，要随着社会生产力与市场供求状况的变化而灵活变动；②由于企业间的生产技术条件、营销资源状况和产品情况等存在区别，对同一市场进行细分时不同的企业应采用不同的细分标准；③企业市场细分的方法，包括单因素细分法、综合因素细分法或系列因素细分法。

（2）农产品目标市场选择。细分农产品市场的目的在于有效地选择并进入目标市场。农产品目标市场是指农业企业或农产品营销组织决定进入并为其服务的农产品市场。农产品目标市场的选择一般是在市场细分的基础上，选择某一个或几个细分市场作为营销对象。

第一，目标市场应该具备的条件包括：①有适当的规模和发展潜力。作为农产品目标市场，要有足够数量的顾客，能够保证企业有利可图；另外，目标市场要有一定的发展潜力，要适应企业长远的发展战略。②有一定的购买力。只有具备了一定的购买力的需求才是企业现实的市场，才能给企业带来足够的销售收入。③市场尚未被竞争者控制。企业确定目标市场时还要考虑市场的竞争状况，如果市场尚未被竞争对手完全控制，则企业在该市场仍有发挥竞争优势的空间；如果竞争对手仅是表面上控制了市场，而企业自身实力较为雄厚，则仍然可以设法进入该市场参与竞争，以竞争与协作并举、配合公关和行政等手段，取得在市场中的一席之地。④符合企业经营目标和资源能力。企业选择目标市场时还要重点考虑企业现有的资源条件和能力所擅长的和所能胜任的，只有当企业的人力、物力、财力以及管理水平等条件具备时，才能将某一子市场作为自己的目标市场。

第二，目标市场营销策略。在许多可供选择的细分市场中，企业是选择一个还是多个细分市场作为目标市场，是企业营销的重要战略性决策。

无差异性市场营销策略是指企业在进行市场细分后，不考虑各个细分市场间的差异性，而只注重细分市场需求的共性，把所有子市场即农产品市场的总体市场作为一个大的目标市场，只推出一种农产品并制定单一的市场营销组合，力求在一定程度上满足尽可能多的顾客需求。当消费者对农产品的需求差异不大时，适合采用无差异性市场营销策略。

无差异性市场营销的优点是由于产品单一，可以实现大批量规模化生产、储存、运输和销售，因而可以降低单位农产品的成本，提高其市场竞争优势。其缺点是：①单一的农产品无法满足消费者多样化的需求；②一旦有竞争者提供了差异化的产品，就会造成顾客的大量流失；③企业过于依赖单一产品，其市场适应能力较差，承担着较大的市场经营风险。

差异性市场营销策略是指企业针对各细分市场中消费者对农产品的差异性需求，生产不同的农产品，并运用不同的营销组合，以满足不同子市场的需求。该策略适用于从事多种经营的大型农业企业，小型农业企业和单个农业生产者不适宜采用该策略。

差异性市场营销策略的优点是通过生产经营多种农产品去满足不同消费者的需求，有利于扩大农产品的销售，提高企业总销售量，从而增加销售收入和利润。其缺点是企业投资大，生产经营复杂，单位农产品的生产成本及经营销售费用高。

集中性市场营销策略是指企业集中全部资源和力量，仅选择一个或少数几个性质相似的子市场作为目标市场，只生产一种较理想的农产品，实行专业化经营，力求在较少的子市场上获得较大的市场占有率。该策略一般为资源条件较差的企业或单个农业生产者所采用，如开发特色农业、生产特色农产品等。

集中性市场营销策略的优点是企业将资源集中于少数子市场，有利于其快速占领子市场，树立产品和企业的良好形象，能够节约营销费用，并获得较高的投资利润率。其缺点是目标市场狭窄，企业产品单一，不能应对市场需求变动的风险。

(3) 农产品市场定位。农产品市场定位是对指农业经营者根据竞争者现有产品在市场上所处的位置，针对消费者对该产品某种特征或属性的重视程度，强力塑造本企业产品与众不同的鲜明个性或形象，并把其形象生动地传递给顾客，从而确定该产品在市场上的适当位置。

农产品的特色和形象可以通过产品实体方面体现，也可以从消费者心理方面反映出来，还可以从价格水平、品牌、质量、档次、技术先进性程度等方面体现出来。

第一，农产品市场定位的步骤。

分析目标市场的现状，确定本企业潜在的竞争优势。企业营销人员通过调查分析，了解熟悉目标顾客对于农产品的需求及其欲望的满足程度，了解竞争对手的产品定位情况，分析顾客对于本企业的期望，得出相应的研究结论，从中明确本企业的潜在竞争优势。

准确选择竞争优势，对目标市场初步定位。企业应从经营管理、技术开发、采购供应、营销能力、资本财务、产品属性等方面与竞争对手进行比较，准确地评价本企业的实力，确定相对优于对手的竞争优势。

准确传播独特的竞争优势。企业通过一系列的宣传促销活动，将其独特的竞争优势准确地传达给潜在顾客，并在顾客心目中留下深刻印象。首先，企业应使目标顾客了解、认同、喜欢和偏爱本企业的市场定位；其次，企业通过一切努力强化目标顾对产品客的形象认知，加强目标顾客的引导和加深目标顾客的感情，以此来巩固市场定位；最后，企业还应密切关注目标顾客对市场定位理解的偏差，或企业市场定位宣传的失误所造成的目标顾客认知模糊、混乱和误会，及时调整与市场定位不一致的形象。

第二，市场定位的策略。

避强定位策略是指企业力图避免与实力最强的或较强的其他企业直接发生竞争，而将自己的产品定位于另一市场区域内，使自己的产品在某些特征或属性方面与最强或较强的对手有比较显著的区别。避强定位策略的优点主要包括：①能够使企业较快速地在市场上站稳脚跟，并能在消费者或用户心目中树立起一种形象；②市场风险较小，成功率较高。其缺点是企业必须放弃某个最佳的市场位置，很可能使企业处于最差的市场位置。

迎头定位策略是指企业选择靠近于市场现有强者企业产品的附近或与其重合的市场位置，与强者企业采用大体相同的营销策略，与其争夺同一个市场。迎头定位的优点主要是竞争过程中往往相当惹人注目，甚至产生所谓轰动效应，企业及其产品可以较快地为消费者或用户所了解，易于达到树立市场形象的目的；其缺点主要是具有较大的风险性。

2. 农产品市场营销组合

农产品市场营销组合是指农业经营者为了扩大农产品销售，实现预期销售目标，对可控制的各种营销因素进行的合理组合与运用。企业开展营销活动的可控因素分为四类，即产品（product）、价格（price）、销售渠道（place）和促销（promotion），称作市场营销的4P 组合。随后，政治力量（politicalpower）和公共关系（publicrelation）也作为企业开展营销活动的可控因素加以运用，为企业创造良好的国际市场营销环境，从而形成了市场营销的6P 组合。

农产品营销组合策略如下：

（1）产品策略。产品策略是指农业企业或农产品经营者根据目标市场的需要做出的与农业新产品开发有关的计划和决策。一般包括农产品的效用、质量、外观、式样、品牌、包装、规格、服务和保证等。

产品策略是市场营销战略的核心，其他策略——价格、渠道、促销策略等，都要围绕产品策略展开，离开了产品，就无法满足消费者的需要，其他营销活动也就无从谈起。所以，农产品策略是农产品市场营销组合策略的基础。农产品策略具体如下：

第一，开发优质农产品。我国农产品长期存在产品同质化和价格较低的现象，而优质农产品相对不足。随着人们收入水平的提高及消费观念的改变，对优质农产品的需求越来越大。开发适销对路的优质绿色农产品,既能满足消费者的需要,又能提高农产品的附加值,有助于农民收入增加。

第二,注重农产品的包装设计。农产品包装在农产品营销中具有双重作用,即对农产品的保护和促进销售的作用。精心设计符合农产品特色的包装既可以保证农产品的品质,延长农产品的储存时间,又增加了农产品的美观度,提高产品的档次和附加值。

第三,打造农产品品牌。随着社会经济的发展,人们在消费中越来越注重个性化。消费者在选购农产品时也非常注重品牌的选择,也偏爱购买具有较高知名度品牌的农产品。因此,农产品经营者要树立品牌意识,培育强势品牌,提供差异性产品,增强农产品的市场竞争力。

(2)定价策略。定价策略是指农业企业或经营者销售农产品和提供劳务服务所实施的决策安排,一般包括农产品的基本价格、折扣、付款方式和信贷条件等。定价策略是市场营销组合中最活跃的因素,企业定价既要考虑消费者的支付能力,又要考虑企业的成本补偿和利润水平。

农产品的定价应在充分考虑各种因素的前提下,以成本为底线,遵循优质优价的原则,对优质、特色农产品制定高价。针对农产品易腐、不宜长时间储存及消费弹性小的特征,农产品的定价具有较强的灵活性。

(3)渠道策略。渠道策略是指农业企业或经营者为了使其产品进入和达到目标市场所进行的各种活动,包括农产品流通的途径、环节、场所、储存和运输等。其中销售渠道是营销组合的重要因素,而且极大地影响着企业营销组合的其他因素,常见的农产品销售渠道有以下几种:

第一,专业市场。专业市场是最常见的农产品销售渠道,是指通过影响力大、辐射力强的农产品专业批发市场,集中销售农产品。它的优势在于销售集中、吞吐力强、信息集中处理和反应迅速。

第二,贸易公司。贸易公司指通过各种区域性销售公司销售农产品。贸易公司作为农产品销售的中间商,有其自己的利益要求。农业经营者要重视渠道伙伴关系,充分关注中间商的利益,最大限度地调动他们的积极性,实现双赢共处。

第三,大型超市。大型超市指通过大型超市的农产品专柜销售农产品。随着经济的发展,顾客的购买方式发生了变化,越来越多的顾客习惯到大型超市集中购买商品,超市中的农产品专柜能够吸引广大的顾客,有利于提高优质农产品的档次。

第四,直接销售。农业经营者可以直接销售农产品。

（4）促销策略。促销策略是市场营销组合的重要组成部分，在企业的营销活动中具有十分重要的作用。农产品的营销对于促销策略的运用要慎重，最重要的是要围绕营销目标合理预算促销费用，在促销预算范围内有选择地运用人员推销、营销广告、营业推广和公共关系等促销手段进行促销。

（三）农产品国际市场营销

农产品国际市场营销是指超越本国国界的农产品营销活动。世界上任何一个国家或地区的农产品市场，都是世界农产品市场的组成部分，农产品国际市场是各国开展农产品贸易的空间平台。目前，我国的农产品生产已经实现供求总量平衡、丰年有余。虽然我们要以扩大内需为主，但是也要重视参与国际市场竞争，扩大我国优势农产品如蔬菜、水果、花卉和畜产品的出口。

我国农产品进入国际市场的时间不长且品种不多，涉及的市场领域不宽，缺乏一定的市场经验，在国际市场竞争中面临诸多挑战，主要表现在：①食品安全问题。我国出口的农产品，难以达到发达国家的品质标准要求。②国际营销经验的缺乏问题。对国际农产品贸易市场的专业知识比较欠缺，缺乏熟悉国际市场的营销人才。③产品层次差距的挑战。我国优势农产品均为劳动密集型产品，产品结构层次低，附加值不高。④各国对本国农产品的贸易保护主义政策。加入世界贸易组织后，我国出口农产品频频遭受来自国外贸易壁垒的围堵，农产品出口受到较大的限制。

为提高我国农产品在国际市场上的竞争力，突破上述种种挑战，农产品营销者应加强对农产品营销组合策略的研究和运用，其中突出经营特色是农产品国际营销面对挑战的必然选择。所谓特色经营是指农产品国际营销企业在市场营销差异化战略思想的指导下，在所经营的产品、品牌提供的价格、服务及采取的分销、促销措施等方面扬长避短，在国际农产品竞争中将整体劣势变为局部优势，赢得市场发展空间。特色经营能够优化企业的资源配置，提高资源的使用效率，获得较高的经济效益，有利于企业进行正确的目标市场定位，使企业的经营和管理水平得到提升，最终确立在世界市场上独特的经营品牌和风格。农产品特色经营主要表现为以下五个方面：

1. 产品特色

产品特色是指向国际市场提供区别于其他国家和地区的差异性产品，以满足不同国家或地区市场的特殊需求，并建立起在该区域的市场优势。集中资源发展特色农业，培育具有国际比较优势的农产品是农产品特色经营的基础，具体如下：

（1）结合资源条件，发展精细农业。我国幅员辽阔，物种丰富，各地的自然地理环境和特色农产品各有不同，因此要充分发挥各地的特色优势，寻求各地的最大比较优势，定位农产品的最佳经营品种，把资源优势转变为市场优势，努力把农业办精、办特、办活。

（2）积极发展劳动密集型的特色种养业。如大力发展水果、蔬菜、花卉和畜产品等，因为我国在这些农产品出口上具有明显的价格优势，特别是畜产品出口占农产品出口总量的大多数，竞争优势明显。

（3）开发同一产品的不同用途，满足差异化的需求。针对各种用途而生产的农产品，经合理调配后可开拓更为广阔的市场。

2. 品牌特色

品牌代表着销售者对交付给购买者的产品特征、利益和服务的一贯性的承诺，久负盛名的品牌就是质量的保证。品牌特色就是农产品经营者在国际市场营销中打造具有较高知名度和个性特征的品牌。强化品牌经营是农产品国际营销的正确选择。品牌经营的作用包括：①有利于促进产品销售，树立产品形象；②有利于满足消费者品牌消费的心理和精神需求，培育顾客的忠诚度；③有利于带动新产品的销售，扩大产品组合。

打造农产品品牌的方式包括：①改善和提高农产品品质是树立品牌特色的关键。坚持以优良的品种、优质的品质去拓展市场，创立农产品的质量品牌。②发展农业龙头企业，培育知名品牌。大力发展具有品牌效应、规模效益的农产品加工龙头企业，以农产品加工业的发展带动种养业的发展；优先鼓励农产品深加工特别是外向型深加工企业，提高农产品附加值，增强国际市场竞争力。

3. 价格特色

价格是国际市场营销中十分敏感而又难以控制的因素，它一方面关系着市场对产品的接受程度；另一方面制约着市场需求和产品利润的高低，影响生产经营者和消费者等各方面的利益。在农产品国际营销中，主要应注意差别定价策略的运用，形成自己的价格特色。

（1）同类产品的差别定价。要对同类产品实行分级分等，按照不同等级制定高低不同的价格，按质论价的做法能使消费者产生货真价实的感觉，从而比较容易接受，有利于扩大农产品的销量。在对农产品进行分级时，除了考虑农产品的内在品质，即提供给消费者的基本效用外，还应考虑农产品的包装、装潢、附加服务等给消费者带来延伸效用的因素。国际农产品经营者应注重开发产品的延伸效用，为购买者提供比同类产品更多的购买利益，这样可以从产品较高的定价中获取更多的附加利益。

（2）进行国际市场细分，实行区域差别定价。农产品国际营销者应对全球市场进行细分，根据不同国家和地区的消费者的收入水平、消费偏好、消费心理等因素，实行区域差别定价。

4. 渠道特色

渠道特色是指选择与自身经营条件相适应的销售渠道。农产品经营者应选择有丰富国际营销经验的经销商与之联合经销，或委托国际中间商代理分销，以弥补农产品经营者国际营销经验的不足，快速开拓国际市场。

我国农产品开辟国际市场可取的办法是与国际农产品经营企业开展联合分销，外联国际市场，内联国内生产基地，积极寻求与跨国公司建立业务伙伴关系。借助跨国公司的全球营销网络是一种必然的选择，例如，大型跨国零售企业沃尔玛、家乐福等就将我国的大批农产品纳入其全球采购体系，通过其分布在多个国家和地区的分店在全球市场进行售卖。

5. 促销特色

促销是企业在买方市场条件下占领市场的金钥匙。农产品经营者在促销手段的运用上应避免雷同和缺乏特色，要采用灵活多样、针对性强的促销方式，使促销活动成为强有力的竞争武器。

在我国农产品的国际营销中，应特别重视国际公共关系和广告策略的使用。在国际公共关系方面，要充分利用世界贸易组织规则提供的有利条件，积极寻求与主要农产品进口国签订贸易协定，为农产品长期稳定地进入国际市场铺平道路。在广告宣传上，要突出我国农产品的特色，同时可配合宣传中国的民族文化和风俗习惯，激发消费者的购买欲望。由于我国农产品主以农户经营为主，没有条件独立进行促销宣传，这就需要政府以官方或半官方的形式牵头，由农产品经销商组团，向各国的政府官员、工商界和消费者宣传中国的产品及营销政策，提高我国农产品在国际市场的影响力和竞争力。

（四）农产品网络营销

伴随着计算机科学技术和互联网技术的飞速发展和广泛应用，现代社会已经进入信息时代，信息网络正在深刻地影响着农业的发展。随着我国信息化工程的不断推进，农产品的网络营销越来越被广大的农产品生产者与经营者所接受。

农产品网络营销是指在农产品销售过程中，全程导入电子商务系统，利用网络技术、信息技术和计算机技术等，对农产品的质量、需求、价格等信息进行发布与收集，以互联网为媒介，依托农产品生产基地与物流配送系统，为地方农产品提升品牌形象、增进与顾客的关系、改善对顾客的服务、开拓网络销售渠道，并最终扩大农产品的销售，提高农民的收入。

1. 农产品网络营销优势

（1）有利于及时获取产品的市场信息。农产品供需信息的不对称加大了我国农产品的市场交易风险，而依托互联网构建的网络信息平台能够及时地将农产品的产品信息、供需状况、价格和市场行情等信息向社会公众发布，加快了农产品的信息传播速度，一定程度上缓解了传统农产品销售模式中信息不对称的问题，提高了买卖双方之间信息沟通的时效性和互动性。

同时，农业生产者可以通过互联网及时获取各类农产品的种植、养殖、生产和营销信息，并与其他同行或专家进行在线沟通交流，分享农产品生产的技术经验和营销经验，从而有助于制订科学的生产计划，降低盲目生产带来的经济损失。

（2）有利于降低交易成本和费用，提高生产效益。农产品网络销售模式为农业生产者搭建了直接与需求方进行交易的平台，通过网络与需求方直接联系，可以绕过中间商等环节，缩减农产品交易过程中的谈判成本；借助自动的网上订货系统，可以自主地组织生产和配送，减少对传统实物设备的依赖，降低店面管理费用和销售人员费用等支出。另外，农户还可以网上购买种子、化肥等生产资料，实现生产采购成本的降低。

（3）有利于扩大市场规模，打造品牌效应。通过互联网，农业生产者可以自主进行产品信息的发布，极大地拓宽了产品的市场空间，增加了产品的销售机会，还可以通过网络销售平台将分散化的农产品交易信息进行融合，实现同类产品生产的规模化运作。网络营销的线上服务模式可以满足不同时空、不同地区需求方的需要。只要顾客有订单需求，就可以实时在线进行交易，提高了订单的成交速度。另外，网络环境下产品信息传播的速度及网络多媒体在声音、文字和图画方面的优势，都有助于农产品的形象宣传和品牌建立，提高品牌知名度。

2. 农产品网络营销模式

（1）平台提供商模式。第三方平台提供商核准具有法人资质的农产品经营者开店、进行农产品交易和服务的权限，其自身并不参与买卖交易过程，类似实体经济中的农贸市场，产品销售职能由加入平台的农产品卖家独立承担。此模式对要求开展农产品电子商务的农产品经营者主体的信息服务意识、管理能力、经营水平等基础条件要求较高；第三方平台拥有较好的扩展性，经营主体可随时增加新的店铺、发布新的产品，积极开展农产品电子商务，有助于迅速扩大农产品电子商务规模。农产品经营者自主性强，可以随时调整商品价格，及时回笼交易资金。在平台提供商模式下，产品的物流配送仍须借助专业物流企业完成，平台提供商仅提供物流配送信息的跟踪和更新。另外，这种模式无法对农产品的品质安全进行有效监管，主要依赖农产品经营者的自律。诸如天猫、京东等知名电商企业就是采用这种模式,使其吸引了众多农产品合作社、农产品经营商家入驻。

(2)销售商模式。销售商模式由第三方平台提供商代理农产品的销售职能,农产品企业只负责提供产品。在该模式下,平台提供商可以凭借自身的电子商务经验,为经营企业提供有针对性的宣传、交易和交流沟通服务,解决网上店铺信息更新慢、内容简单、吸引力不足等问题,在一定区域范围内提供完整的物流配送服务并设立农产品质量安全准入机制。

第四章 农业生产要素组合与管理

第一节 农业自然资源与管理

一、农业自然资源

（一）农业自然资源的构成

"农业自然资源是人类赖以生存和发展的物质基础，是一个国家经济发展和人民生活水平提高的重要条件，是社会财富的重要源泉，对国家的兴衰至关重要。"[①] 农业自然资源是指存在于自然界之中，在一定的生产力水平和经济条件下，能够被人类利用于农业生产的各种物质、能量和环境条件的总称。农业自然资源由以下方面的内容构成：

1. 气候资源

气候资源即太阳辐射、降水、温度等气候因子的数量及其特定组合。其中，太阳辐射是农业自然再生产的主要能源，植物体的干物质需要利用太阳能通过光合作用合成；水既是合成有机物的原料，也是一切生命活动所必需的条件，而陆地上的水主要来自自然降水；温度是动植物生长发育的重要条件，在水分、肥料和光照都满足的情况下，在一定适温范围内，许多植物的生长速率与环境温度成正比。因此，气候资源在相当大的程度上决定着农业生产的布局、结构以及产量的高低和品质的优劣。农业气候资源通常采用具有一定农业意义的气象（气候）要素值来表示。

2. 水资源

水资源即可供农业生产和人类生活开发利用的含较低可溶性盐类而不含有毒物质的水分来源，通常指可以逐年得到更新的那部分淡水资源量。水资源是一种动态资源，包括地

---

① 高文丽、郑庆波：《谈谈农业自然资源的作用与利用》，载《农业与技术》2014年34期，第231页。

表水、土壤水和地下水,而以大气降水为基本补给来源。地表水指河川、湖泊、塘库、沟渠中积聚或流动的水,一般以常年的径流量或径流深度表示;土壤水指耕层土壤土粒的吸湿水和土壤毛管水;地下水指以各种形式存在于地壳岩石或土壤空隙中可供开发利用的水。水资源对农业生产的作用具有两面性:它既是农业生产的重要条件,又是洪、涝、盐、渍等农业灾害的根源。

3. 土地资源

土地资源一般指能供养生物的陆地表层,包括内陆水域,但不包括海域。土地中除非农业用地外,还有一部分是难于利用或基本不能利用的沙质荒漠、戈壁、沙漠化土地、永久积雪和冰川、寒漠、石骨裸露山地、沼泽等。随着科学技术和经济的发展,有些难于利用的土地正在变得可以逐步用于农业生产。

农业土地资源按其用途和利用状况,大概可以分为:①耕地,指耕种农作物的土地,包括水田、水浇地、旱地和菜地等;②园地,指连片种植、集约型经营的多年生作物用地,如果园、桑园、茶园、橡胶园等;③林地,指生长林木的土地,包括森林或有林地、灌木林地、疏林地和疏林草地等;④草地,指生长草类可供放牧或刈割饲养牲畜的土地,不包括草田轮作的耕地,凡已加利用的草地(也称草场),按其不同的经营利用方式,可分为天然草地、改良草地、人工草地等;⑤内陆水域,指可供水产养殖、捕捞的河流、湖泊、水库、坑塘等淡水水面以及苇地等;⑥沿海滩涂,又称海涂或滩涂,是海边潮涨潮落的地方,位于大潮高低潮位之间,海岸地貌学上称为潮间带,是沿海可供水产养殖、围海造田、喜盐植物生长等的特殊自然资源。

4. 生物资源

生物资源即可作为农业生产经营对象的野生动物、植物和微生物的种类及群落类型,人工培养的植物、动物和农业微生物品种、类型也包括在生物资源的范畴之内。生物资源除用作育种原始材料的种质资源外,主要包括:①森林资源,指天然或人工营造的林木种类及蓄积量;②草地资源,指草地植被的群落类型及其生产力;③水产资源,指水域中蕴藏的各种经济动植物的种类及数量;④野生生物资源,指具有经济价值可供捕、捞或采、挖的兽类、鸟类、药用植物、食用菌类等;⑤珍稀生物资源,指具有科学、文化价值的珍稀动植物;⑥天敌资源,指有利于防治农业有害生物的益虫、益鸟、蛙、益兽和有益微生物等。

农业自然资源是人类赖以生存和发展的物质基础,根据农业自然资源的状况、特点和开发潜力,加以合理地开发利用,对发展农业生产具有重要战略意义,也有利于保护人类生存环境和发展国民经济。

(二) 农业自然资源的特征

1. 整体性

各种农业自然资源彼此之间相互联系、相互制约，形成统一的整体。如在一定的水、热条件下，形成一定的土壤和植被以及与此相适应的动植物和微生物群落。一种农业自然资源的变化，会引起其他自然资源甚至资源组合的相应变化，如原始森林一旦被破坏，就会引起气候变化、水土流失和生物群落的变化，成为另一类型的生态系统。

2. 地域性

由于地球与太阳的相对位置及其运动特点以及地球表面海陆分布的状况和地质地貌变化，地球上各个地区的水、热等条件各不相同，使得农业自然资源具有明显的地域性特征。不同区域如南方和北方、东部和西部、沿海和内陆、平原和山区，农业自然资源的形成条件不同以至于各种资源的性质、数量、质量和组合特征等都有很大差别。即使在一个比较小的范围内，如在水田和旱地、平地和坡地、阳坡和阴坡以及不同的海拔之间，农业自然资源也会呈现不同的生态特点。从严格意义上来说，农业自然资源的分布，只有相似的而无相同的地区。

3. 可更新性

与各种矿产资源、化石能源随着人类的开发利用而逐渐减少的情况不同，农业自然资源一般具有可更新和可循环的特点，如土壤肥力的周期性恢复、生物体的不断死亡与繁衍、水资源的循环补给、气候条件的季节性变化等。这种更新和循环的过程会因为人类活动的干预和影响而加速，从而打破原来的生态平衡。这种干预和影响如果是合理的，就有可能在新的条件下，使农业自然资源继续保持周而复始、不断更新的良好状态，建立新的生态平衡；反之，则会形成恶性循环，破坏生态平衡。尤其是农业自然资源虽然绝大部分属于可更新的，但都相对比较稀缺，如果需求和消耗大于农业自然资源的更新再生能力，就会出现供需不平衡，导致农业自然资源的更新再生能力衰退，甚至逐渐枯竭。因此，应该珍惜和保护各种农业自然资源，提高综合利用率和产出效率，保持和提升农业自然资源的更新再生能力。

4. 可培育性

各种农业自然资源都是自然形成的，无法通过人类的生产活动来创造。人类虽然不能创造农业自然资源，却可以采取各种条件和技术措施，对农业自然资源进行培育和改良，在一定程度上改变农业自然资源的形态和性质。如通过施肥增加土壤肥力、兴建水利设施、培育优良的生物品种等，进一步发挥农业自然资源的生产潜力。

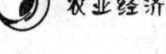

5. 有限性

地球上土地的面积、水资源的数量、到达地面的太阳辐射量等，在一定空间、一定时间内都有一定的数量限制。与此同时，人类利用农业自然资源的能力以及各种资源被利用的范围和途径，还受科学技术水平的制约。因此，在一定时期内可供开发利用的农业自然资源的规模、范围、层次、种类总是有限的。随着科学技术的进步，人类对农业自然资源利用的深度和广度会不断扩大和延伸，同时保持农业自然资源的循环更新，使有限的资源发挥其生产潜力。

6. 不可替代性

农业自然资源在农业生产中具有不可替代的作用，离开了土地、水资源、各种生物资源和一定的气候条件，农业生产将无法进行下去。虽然随着科学技术的不断进步，一些农业自然资源可以由人工合成品来代替，但几乎所有替代品的原材料仍来源于各种农业自然资源或其衍生物，在本质上仍然属于农业自然资源。而且到目前为止，很多农业自然资源仍无法由人工产品来替代。在可预见的一段时间内，农业自然资源仍将是农业生产中不可或缺、无可替代的物质基础。

（三）农业自然资源的分类

1. 原生性资源和次生性资源

原生性农业自然资源包括水资源和阳光、空气等气候资源，它们随着地球的形成和运动而生成并存在，属于非耗竭性资源；次生性农业自然资源是在地球演化过程中的特定阶段形成，其数量与质量都有限定性，具有一定的空间分布，属于可耗竭性资源，主要包括动物、植物、微生物等生物资源。土地资源具有原生性资源的特征，又在地球演化过程中发生变化，同时其肥力等又具有耗竭性，因此也具有次生性资源的特征。

2. 有偿使用资源和无偿使用资源

有偿使用资源是指在农业自然资源的使用过程中要付出一定的劳动或其他代价的资源，如土地资源的开垦、水利设施的兴建、动植物的饲养种植等；无偿使用资源是指无须付出任何代价就可以直接利用的资源，如阳光、空气、温度等气候资源。

3. 可耗竭资源和不可耗竭资源

可耗竭资源是指随着人类的开发利用，其数量或质量会逐渐减少或下降的农业自然资源，如淡水、土壤、动物、植物、微生物等，这类可耗竭资源如果合理利用，保持其更新再生能力，也可以持续循环利用；不可耗竭资源是指那些用之不竭的资源，如阳光、空气、海水等，这类不可耗竭资源如果利用不当，也有可能导致其质量下降，影响继续利用，如空气、海水的污染等。

4. 生产性资源和服务性资源

生产性资源是指用于生产过程，在农业生产中发挥作用的农业自然资源，如用于种植或放牧的土地、农业灌溉用水、供收获的植物、供食用或役用的动物等；服务性资源是指用于服务性产业的自然资源，如供观赏的动植物，用于生活服务的土地、水、阳光等。

5. 潜在资源和现实资源

潜在资源是指尚未开发利用的农业自然资源，如荒山、荒地、荒漠，尚未被发现和利用的动植物，未被利用的水资源和气候资源等；现实资源是指已经被开发利用并正在发挥效用的农业自然资源，如正在被开垦耕种的土地和已经被利用的水资源、已经被发现和正在利用的动植物等。

二、农业自然资源的开发利用与管理

（一）农业自然资源开发利用的内容、原则与意义

农业自然资源的开发利用是指对各种农业自然资源进行合理开发、利用、保护、治理和管理，以达到最大综合利用效果的行为活动。农业自然资源是形成农产品和农业生产力的基本组成部分，也是发展农业生产、创造社会财富的要素和源泉。因此，充分合理地开发和利用农业自然资源，是保护人类生存环境、改善人类生活条件的需要，也是农业扩大再生产最重要的途径，是一个综合性和基础性的农业投入和经营的过程，是一个涉及面非常广泛的系统工程。

1. 农业自然资源开发利用的内容

（1）土地资源的开发利用。土地资源对农业生产有着极其重要的特殊意义，现有大多数农业生产是以土地肥力为基础的，因而土地资源是农业自然资源最重要的组成部分，对土地资源的合理开发利用是农业自然资源开发利用的核心。

（2）气候资源的开发利用。气候资源的开发利用包括对以光、热、水、气四大自然要素为主的气候资源的合理利用。当前的农业生产仍离不开对气候条件的依赖，特别是在农业投入低下、土地等其他资源相对短缺的条件下，更应该充分利用太阳能、培育优良新品种、改革耕作制度，提高种植业对光能的利用效率，加强对气候资源的充分合理利用。

（3）水资源的开发利用。水资源主要包括地表水和地下水等淡水资源，是农业生产中的重要因素，尤其是各种生物资源生存生长的必备条件。对水资源进行合理的开发利用，

关键是要开源节流，协调需水量与供水量，估算不同时期、不同区域的需水量、缺水量和缺水程度，安排好灌排规划及组织实施。

（4）生物资源的开发利用。生物资源包括森林、草原、野生动植物和各种物种资源等，是大多数农产品的直接来源，也是农业生产的主要手段和目标。对生物资源的开发利用，应该在合理利用现存储量的同时，注意加强保护，使生物资源能够较快地增殖、繁衍，以保证增加储量，实现永续利用。

2. 农业自然资源开发利用的原则

（1）经济效益、社会效益和生态效益相结合的原则。农业自然资源被开发利用的过程，也是整个经济系统、社会系统和生态系统相结合的过程。因此在开发利用农业自然资源的过程中，既要注重比较直观的经济效益，更要考虑社会效益和生态效益。协调三者之间的关系，从而做到当前利益与长远利益相结合，局部利益和整体利益相结合。

（2）合理开发、充分利用与保护相结合的原则。合理开发、充分利用农业自然资源是为了发展农业生产，保护农业自然资源是为了更好地利用和永续利用，两者之间并没有根本的对立。人类对自然界中的各种资源开发利用的过程中，必须遵循客观规律，各种农业自然资源的开发利用都有一个量的问题，超过一定的量度就会破坏自然资源利用与再生增殖及补给之间的平衡关系，进而破坏生态平衡，造成环境恶化。因此，在开发利用农业自然资源的同时，要注重对农业自然资源的保护，用养结合。

（3）合理投入和适度、节约利用的原则。对农业自然资源的合理投入和适度、节约利用，是生态平衡及生态系统进化的客观要求。整个农业自然资源是一个大的生态系统，各种资源本身及其相互之间都有一定的结构，保持着物质循环和能量转换的生态平衡。要保持农业自然资源的合理结构，就要使各种资源的构成及其比例适当，确定资源投入和输出的最适量及资源更新临界点的数量界限，保证自然资源生态系统的平衡和良性进化。

（4）多目标开发、综合利用的原则。这是由农业自然资源自身的特性所决定的，也是现代农业生产中开发利用自然资源的必然途径。现代化农业生产水平的高度发达，使得农业自然资源的多目标开发、综合利用在技术上具有可行性。为此要进行全面、合理地规划，从国民经济总体利益出发，依法有计划、有组织地进行多目标开发与综合利用，坚决杜绝滥采、滥捕、滥伐，以期获得最大的经济效益、社会效益和生态效益。

（5）因地制宜的原则。因地制宜就是根据不同地区农业自然资源的性质和特点，即农业自然资源的生态特性和地域特征，结合社会经济条件评价其对农业生产的有利因素和不利因素，分析研究其利用方向，发挥地区优势，扬长避短、趋利避害，把丰富多样的农业自然资源转换成为现实生产力，促进经济发展。

3. 农业自然资源开发利用的意义

（1）合理开发和利用农业自然资源是农业现代化的必由之路。农业自然资源是农产品的主要来源和农业生产力的重要组成部分，也是提高农业产量和增加社会财富的重要因素。在社会发展时期，受生产力发展水平的影响，农业自然资源的开发和利用也受到相应的制约。在社会生产力较低时，人们对农业自然资源是被动有限的利用，不可能做到合理的开发利用。

随着社会生产力的提高，特别是随着现代科学技术的应用，人们已经能够在很大程度上合理地开发利用农业自然资源来发展农业生产，不断提高农业的集约化经营水平和综合生产能力。我国目前面临着农业自然资源供给有限和需求增长的矛盾，而充分挖掘和合理开发利用农业自然资源，提高农业劳动生产效率，创造较高的农业生产水平，是解决这一矛盾的主要手段，也是实现我国农业现代化的必由之路。

（2）合理开发和利用农业自然资源是解决人口增长与人均资源不断减少这一矛盾的途径之一。当前世界各国都不同程度地存在着人均资源日益减少、相对稀缺的问题，我国的这一矛盾更为突出。我国人口与自然资源的平衡早已打破，人均资源量处于较低水平，且仍在下降。针对这一问题，除了继续控制人口的增长之外，合理地开发利用农业自然资源，提高农业自然资源的单位产出效率，使有限的农业自然资源得到最大限度的利用，是解决这一矛盾最有效的途径。在这方面，发达国家积累了丰富经验，一些发达国家在人均自然资源贫乏的条件下，充分利用现代科技，创造了高产高效农业的典范。我国应该学习和借鉴这些经验，充分合理地利用我国的农业自然资源，使上述矛盾得以缓解。

（3）合理开发和利用农业自然资源是保护资源、改善生态环境的客观要求。农业自然资源的开发利用不合理，会导致资源的浪费和衰退。同时，工业三废的大量排放和农业生产过程中化肥农药的过量使用，以及对农业自然资源的掠夺式开发利用等，还会使生态环境受到严重的污染和破坏，既影响了农作物的生长和农业生产的发展，也危及人类和动物的健康。

目前，我国以及世界很多国家和地区，自然资源的过度开发和生态环境的恶化都已十分严重，已经危及人类的健康和生存。因此，在农业自然资源的开发利用过程中，不能只看眼前的、局部的利益，而应该做长远的、全面的考虑，把发展农业生产和保护资源、维护生态环境结合起来。只有对农业自然资源加以合理的开发利用，形成农业生产和环境保护的良性循环，才能实现这一目标。

（二）农业自然资源的开发利用管理

农业自然资源的开发利用管理，就是要采用经济、法律、行政及技术手段，对人们开发利用农业自然资源的行为进行指导、调整、控制与监督。

1. 农业自然资源开发利用管理的目标

(1) 总体目标。农业自然资源的开发利用管理，总体目标是保障国家的持续发展，这一总体目标也规定了农业自然资源开发利用管理的近期目标和长远目标。近期目标是通过合理开发和有效利用各种农业自然资源，满足我国当前的经济和社会发展对农产品的物质需求；长远目标则是在开发和利用农业自然资源的同时，保护农业自然资源生态系统，或者在一定程度上改善这一系统，以保证对农业自然资源的持续利用。

(2) 环境目标。自然资源的开发利用是影响环境质量的根本原因，而农业自然资源所包括的土地、气候、水和生物资源是人类赖以生存的自然资源的基本组成要素。因此，需要加强对农业自然资源开发利用的管理，如控制土地资源开发所造成的土地污染、水资源开发中的水环境控制等，就是农业自然资源开发利用管理的环境目标。

(3) 防灾、减灾目标。灾害是指对农业生产活动造成严重损失的水灾、旱灾、雪灾等自然灾害。在农业自然资源开发利用过程中，通过加强对自然灾害的预测、监测和防治等方面的管理，可以使自然灾害造成的损失减少到最低程度，对于人类开发利用农业自然资源所可能诱发的灾害，应当在农业自然资源开发利用的项目评价中予以明确，并提出有效的防治措施。

(4) 组织目标。国家对农业自然资源开发利用的管理是通过各层次的资源管理行政组织实现的，国家级农业资源管理机构的自身建设和对下级管理机构的有效管理是实现农业自然资源开发利用管理目标的组织保证。同时，保证资源管理职能有效实施的资源管理执法组织的建设和健全也是农业自然资源管理组织目标的重要内容。另外，农业自然资源开发利用管理的组织目标还包括各类农业自然资源管理机构之间的有效协调。

2. 农业自然资源开发利用管理的政策措施

(1) 建立合理高效的农业生态系统结构。农业生态系统结构的合理与否直接影响着农业自然资源的利用效率，土地资源、气候资源、水资源以及生物资源能否得到合理的开发利用与农业生态系统结构密切相关。因此，加强农业自然资源开发利用管理的首要任务是要建立起有利于农业自然资源合理配置与高效利用，有利于促进农、林、牧、副、渔良性循环与协调发展，有利于改善农业生态，有利于提高农业经济效益、社会效益和生态效益的农业生态系统结构。

(2) 优化农业自然资源的开发利用方式。为加强农业自然资源的保护、促进其合理开发利用，我国制定了一系列的法律法规，对加强农业自然资源的保护和开发利用管理发挥了积极作用。但是，我国长期奉行数量扩张型工业化战略和按行政方式无偿或低价配置农业自然资源的经济体制，导致我国农业自然资源供给短缺和过度消耗并存的局面严峻。因此，优化农业自然资源的开发利用方式，推行循环利用农业自然资源的技术路线和集约型发展方式，改变目前粗放型的农业自然资源开发利用方式，是加强农业自然资源管理、提高资源利用效率的根本途径。

具体而言，就是要把节地、节水、节能列为重大国策，制定有利于节约资源的产业政策，刺激经济由资源密集型结构向知识密集型结构转变，逐渐消除变相鼓励资源消耗的经济政策，把资源利用效率作为制订计划、投资决策的重要准则和指标，对关系国计民生的农业自然资源建立特殊的保护制度等。

（3）建立完善农业自然资源的产权制度，培育农业自然资源市场体系。农业自然资源是重要的生产要素，树立农业自然资源的资产观念，建立和完善资产管理制度，强化和明确农业自然资源所有权，实现农业自然资源的有偿占有和使用，是改善农业自然资源开发利用和实现可持续发展的保证。在建立和完善农业自然资源产权制度的过程中，要逐步调整行政性农业自然资源配置体系，理顺农业自然资源及其产品价格，培育市场体系，消除农业自然资源开发利用过度的经济根源，有效抑制乃至消除滥用和浪费资源的不良现象。

（4）建立农业自然资源核算制度，制订农业自然资源开发利用规划。农业自然资源核算是指对农业自然资源的存量、流量以及农业自然资源的财富价值进行科学的计量，将其纳入国民经济核算体系，以正确地计量国民总财富、经济总产值及其增长情况以及农业自然资源的消长对经济发展的影响。通过对农业自然资源进行核算，并根据全国农业自然资源的总量及其在时间和空间上的分布以及各地区的科学技术水平、资源利用的能力和效率，制订合理有效的农业自然资源开发利用规划，实现各地区资源禀赋和开发利用的优势互补、协同发展，获得全局的最大效益。

（5）发展农业自然资源产业，补偿农业自然资源消耗。我国在农业自然资源开发利用方面，普遍存在积累投入过低、补偿不足的问题，导致农业自然资源增殖缓慢、供给不足。为了增加农业自然资源的供给，必须发展从事农业自然资源再生产的行业，逐步建立正常的农业自然资源生产增殖和更新积累的经济补偿机制，并把农业自然资源再生产纳入国民经济发展规划。

三、农业自然资源中土地资源的开发利用

土地资源是人类生活和从事生产、建设必需的场所和重要的生产资料，也是人类赖以生存的最宝贵、最基本的自然资源。尤其是对于农业生产来说，土地资源是基本的生产资料，一个国家利用土地资源的广度和深度，标志着这个国家农业生产的规模和水平。

(一) 土地与土地资源

1. 土地

土地，最直接的解释是地球表面的陆地部分。经济学意义上的土地是指由土壤、地貌、岩石、植被、水文、气候等组成的自然综合体。土地的形成与发展主要取决于自然力的作用，同时也受人类活动的影响。

2. 农业土地资源

农业土地资源是指农、林、牧、副、渔业已经开发利用和尚未开发利用的土地的数量和质量的总称，凡是现在和可预见的将来能够被人们所利用，并在一定生产技术条件下能够产生一定经济价值的土地就是农业土地资源。农业土地资源是农业自然资源的重要组成部分，具体包括耕地、林地、草场、沼泽、水面及滩涂等。

3. 土地和农业土地资源的关系

土地是一个综合的自然地理概念，其中也包含了人类的劳动成果。农业土地资源则是在一定科学技术条件下和一定时间内可以为人类所利用，用以创造财富、产生经济价值的那部分土地。因此，严格意义上讲，土地和土地资源是两个概念，土地资源是土地的一部分。但是，从长远和发展的观点来看，一点利用价值都没有的土地几乎是不存在的，现在还无法利用的土地，只是因为目前科学技术条件的限制，暂时不能进行利用。从这个意义上讲，所有的土地最终都可以开发利用，土地资源等于土地。因此，土地和土地资源这两个概念相比较而言，土地资源从经济和技术范畴考虑得更多一些。

(二) 土地资源的特性

1. 土地的自然特性

（1）土地面积的有限性。土地是自然历史发展的产物，对于一个国家或地区而言，土地面积的数量是一定的。人们不能随意创造和增加土地面积，而只能在现有土地面积的基础上，把没有开发利用的土地开发利用起来，以及将已经开发利用的土地进一步加以改良或者进行更加合理的规划，不断提高土地的生产效率和开发利用效果。土地面积的有限性，要求人们在农业生产中，珍惜土地资源，保护和利用好现有耕地，合理开发利用荒地，防止土地荒芜，避免土地使用中的浪费；防止土地污染和过度开发利用，避免出现土壤退化、沙化、功能弱化的现象；合理使用土地，坚持土地资源的用养结合，发展生态农业，培植地力，使宝贵的土地资源可以永续利用。

（2）土地位置的固定性。土地位置的固定性是指它占有特定的空间位置，不像其他生产资料可以根据需要而移动其存在的位置。土地自形成以来就以其自然特征在一定的区域分布下来，这种分布无法根据人类的意愿而进行移动，从而显示出土地位置的固定性。处于不同位置的土地，受气候、地形、地质条件等自然因素的影响，在土地的自然性状方面会产生巨大差异。由于土地位置的固定性，决定了人类一旦选定居住地，就只能根据现有土地的特征和当地的自然条件组织生产活动。因此，在农业生产中，必须从土地自然条件的实际出发，根据需要和可能对土地加以合理开发和科学规划，因地制宜地利用土地，提高土地资源的利用效率。

（3）土地质量的差异性。土地固定地存在于地球某一位置上的不同地域，总是与特定的自然环境条件和社会经济条件相联系。由于所处地理位置、自然环境条件及社会经济条件有差异，使构成土地的诸要素如土壤、气候、水文、地貌、植被、岩石等的自然性状不同，而且受人类活动的影响不同，土地的结构和功能也各异，这些最终表现为土地质量的差异性。

（4）土地功能的永久性。土地作为人类的活动场所和生产资料，在利用过程中不会像其他生产资料那样被磨损、消耗，只要利用合理得当，其生产力能够得到保持甚至得以不断提高，可以无限次地参加生产过程，年复一年地永续使用，即土地的功能具有永久性的特征，土地利用过程中的这一特性与其他生产资料完全不同。但是，土地功能保持永久性的前提是使用得当，这就要求在农业生产过程中，对土地的利用要遵循自然法则，保持土地功能的稳定与提高，以使土地永续利用。

2. 土地的经济特性

（1）土地供给的稀缺性。土地的这一特性有两层含义：一方面，供给人们从事各种活动的土地面积是有限的；另一方面，特定地区、不同用途的土地面积也是有限的，往往不能完全满足人们对各类用地的需求。由于土地供给的稀缺性所引起的土地供不应求的现象，造成了地租、地价的昂贵，迫使人们节约和保护土地、集约化利用土地，努力提高土地的有效利用率和单位面积生产力。

（2）土地用途的多样性。土地具有多种用途，除了作为农业生产用地之外，土地还既可作为工业用地，又可作为居住用地、商业用地等。由于土地的这一特性，对一块土地的利用，经常会同时产生两个以上用途，或者会从一种用途转换到另一种用途，形成土地利用方式的竞争。这种竞争能够使土地趋于最佳用途和最大经济效益，并使土地价格达到最高。土地用途的多样性要求人们在利用土地时，应该遵循土地的最有效利用原则，使土地的用途和规模、利用方法等均达到最佳。

（3）土地的垄断性。土地的垄断性也有两个层面的含义：①土地的占有具有垄断性，即一块土地只能有一个所有者,不能同时有多个所有者;②土地的使用具有垄断性,即在一段时间内,一块土地只能用于一种用途,不能同时用于多种用途。土地的这一特性要求对土地的产权进行明确,使土地的所有者对土地享有排他性的占有权和使用权,避免因为土地产权不明晰而产生各种矛盾纠纷,导致土地得不到合理有效的利用,甚至出现闲置浪费。

(4) 土地利用方式变更的困难性。人类对土地资源的利用形式多种多样,这些不同的土地利用形式之间很难相互转换,有的甚至是不可逆转的,如城镇工矿用地一经利用很难重新改作农业用地。即使都是农业用地,如种植不同农作物的耕地,也往往受自然条件、经济条件、技术条件、社会风俗习惯及农作物本身等因素的限制而不易进行调整。因此,对土地的利用必须慎重,应该在调查研究的基础上,做好土地利用总体规划,不要随意确定土地用途。

(5) 土地报酬递减的可能性。在一定的科技水平下,在一定的面积的土地上,增加农业生产要素的投入,其报酬(收益)一般会逐渐提高。但这种提高在技术上和经济上都有一个合理的界限,当要素投入超过这个界限,追加的要素投入所得的报酬就会趋于减少,在技术上达不到增产的目的,在经济上也不能获得良好的效益,出现土地的边际报酬递减现象。这种现象的出现是相对的、有条件的,它适用于一定生产力发展水平和科学技术条件不变的情况。为了避免土地报酬递减、获得最佳的经济效益,应该注意农业生产投资的适合度以及各种生产要素投入的适宜比例,选择集约化经营的农业生产发展方向。

(三) 土地资源在农业生产中的重要性

土地是陆地上一切生物和非生物资源的载体,也是包括人类在内的一切生物生活和生存的基地和场所。同时,土地又是农业生产必不可少的劳动资料和物质条件,在农业生产中发挥着至关重要的作用。

1. 农业生产需要占用大量土地

农业生产实质上是把太阳能转化成化学能,把无机物转化成有机物的过程。一方面,农业生产过程中植物作物的生长需要大量吸收和利用太阳能,而太阳能被吸收利用的多少,除了与吸收利用太阳能的植物本身的性能有关之外,更主要的是取决于接受阳光的面积;另一方面,动物类农产品的生产也需要以土地为载体,在大面积土地上进行畜群放牧、水产养殖等。因此,农业生产必须在广阔的土地上进行,占用大量的土地,否则就不可能生产出足够数量的、满足人类需求的各种农产品。

2. 土地质量对农业生产影响很大

农业生产中的第一性生产——植物生产,对土地具有特殊的依赖性。土地是各种农作物吸收养分的重要源泉,不断供给和调节农作物生长发育所需要的养分、水分、空气和热量等要素。人类的劳动作用于土地,虽然可以改善土壤中水、肥、气、热的状况,但不能直接向农作物输入物质和能量,而是要以土地为载体和媒介才能传导给农作物。此外,农业生产中的第二性生产——动物生产,其本身也是建立在植物生产基础之上的,植物生产的效率直接决定着动物生产的结果。因此,土地的质量和农产品的产量、质量有着密切的关系,对农业生产有着至关重要的影响。

3. 土地对农业生态环境具有净化功能

从农业生态环境的角度来看,土地既是各种污染物的载体,也能够通过物理、化学、生化等作用,对各种污染物进行净化、代谢。在农业生产过程中,各种有机、无机污染物会通过各种途径进入土壤—植物系统,这些污染物如果长期积累,得不到净化,会严重破坏生态环境,危及人类和动植物的生存。而土壤本身是一个很好的净化器,对各种污染物会产生过滤、稀释等物理效应,同时伴随着土壤中微生物和植物生命活动产生的化学、生化反应,对各种污染物形成净化、代谢作用。但土壤的这种净化能力是有限的,同时还可能衍生出新的次生污染物再向环境输出,从而影响整个农业生态环境的质量,或者通过食物链危害动物和人类健康。因此,需要正确评价和利用土壤有限的净化能力,保护农业生态平衡,才能更好地促进农业生产发展,造福于人类。

(四) 土地资源的开发利用与管理

土地资源所具有的经济特征及其在农业生产中的重要作用,决定了土地利用不仅是一个技术问题,而且是一个重大的社会经济问题,是农业经济管理的重要课题。为了合理有效地开发利用土地资源,保护土地资源,不断提高土地生产力,必须探讨土地利用的客观规律,加强对土地资源的利用管理。

1. 农业土地资源管理的基本原则

农业土地资源管理是指在一定的环境条件下,综合运用行政、经济、法律、技术方法,为提高土地资源开发利用的生态效益、经济效益和社会效益,维护在社会中占统治地位的土地所有制,调整土地关系,规划和监督土地利用,而进行的计划、组织、协调和控制等一系列综合性活动。要加强对农业土地资源的管理,实现对土地资源的合理开发利用,必须尊重客观规律,遵循以下原则:

(1) 因地制宜的原则。因地制宜是合理开发利用土地的基本原则,指从各地区的光、热、水、土、生物、劳动力、资金等生产资料的具体条件、农业生产发展的特点和现有基础的实际出发,根据市场和国民经济需要等具体情况,科学合理地安排农业生产布局和农产品的品种结构,以获得最大的经济效益和保持良好的生态环境。我国的土地资源类型多样,地域分布不平衡,各地区的资源条件以及社会、经济、技术条件差别很大,生产力发展水平也有较大差距。因此,对土地资源的利用管理要从各地区实际情况出发,合理地组织农业生产经营活动。

具体而言,就是要选择适合各地域土地特点的农业生产项目、耕作制度、组织方式和农业技术手段等,进行科学的管理和经营,充分利用自然条件和资源,扬长避短、发挥优势,最大限度地发挥土地资源的生产潜力,提高土地资源的利用率和生产率,从而实现对土地资源的最优化利用。这既是自然规律和经济规律的客观要求,也是实现农业生产和国民经济又快又好发展的有效手段。

(2)经济有效的原则。土地资源的开发利用是一种经济活动,经济活动的内在要求就是要取得最大化的经济效益。在农业生产经营过程中,土地资源的使用具有多样性,因而土地资源的利用效益也具有多样性。在同一区域内,一定面积的土地上可以有多种农业生产方案,每一种生产方案由于生产成本的不同和产品种类、数量、质量以及价格的不同,所取得的经济效益也各不相同。因此,在农业生产经营活动中,要根据各地区的具体情况,选择合理的农业生产项目和生产方案,以期取得最大的经济效益和最佳的土地利用效果。同时,还要随着时间的推移、各种条件的变化对农业生产方案做出适时的调整,不断保持土地资源利用效果的最优化和经济效益的最大化。为此,要从综合效益的角度出发,发掘土地资源的潜力,科学安排土地的利用方式,提高农业土地生产率,以便在经济上取得实效。

(3)生态效益的原则。生态效益的原则是由人类的长远利益和农业可持续发展的客观要求所决定的。农业生产的对象主要是有生命的动植物,而动植物之所以能够在自然界中生存繁衍,是因为自然界为它们提供了生存发展所必需的能量物质和适宜的环境条件,这些自然条件的变化会引起物种的起源和灭绝。在农业生产中,由于人们往往只顾及眼前利益,为了更多地获取经济效益而破坏生态环境的情况十分常见,致使生态系统失去平衡,各种资源遭到破坏,给人类社会带来了巨大灾难,也使农业生产和经济发展受到严重制约。因此,在农业生产过程中,务必树立维护生态平衡的长远观点和全局观点。对土地资源的利用管理也应该坚持这一原则,力求做到经济效益、社会效益和生态效益的有机统一,使各类土地资源的利用在时间上和空间上与生态平衡的要求相一致,以保障土地资源的可持续利用。

(4)节约用地的原则。节约用地的原则是土地作为一种稀有资源对人们的生产活动提出的客观要求。土地资源是农业生产中不可替代的基本生产资料,也是一种特别珍贵的稀有资源。我国的土地资源总量虽然相对丰富,但人均土地资源占有量很少,人多地少的矛盾十分突出。与此同时，我国土地资源利用粗放，新增非农用地规模过度扩张，加之我国人口还将继续增长，生活用地和经济建设占用农业土地资源的情况不可避免。此外，污染和环境恶化对土地的破坏以及用地结构不合理进一步加剧了土地供需的矛盾。因此，在当前和今后的很长时期内，都必须加强土地资源管理，严格控制对农业用地的占用，所有建设项目都要精打细算地节约用地，合理规划土地资源的使用，使土地资源发挥应有的功能作用。

（5）有偿使用的原则。土地资源是一种十分稀缺的农业自然资源，也是一种具有价值和使用价值的生产要素。在市场经济条件下，土地资源的利用也应该遵循价值规律，要对土地进行定价和有偿使用，通过市场价值规律来实现土地资源的优化配置。只有对土地资源实行有偿使用，才能在经济上明确和体现土地的产权关系，促使用地单位珍惜和合理使用土地资源，确保因地制宜、经济有效、生态效益和节约用地原则的贯彻落实。

2. 提高农业土地利用率的基本途径

（1）保护农业用地，提高土地资源的利用率。土地资源利用率是反映土地利用程度的指标，指一个地区或一个农业单位已利用的土地面积占土地总面积的比例。在不影响水土保持、不破坏生态环境的前提下，应该尽量开发土地资源，提高土地资源的利用率。要提高农业土地资源的利用率，其主要途径如下：

第一，开垦荒地，扩大耕地面积。在荒地开垦过程中要尊重客观规律，在注意农业生态平衡和讲求经济效益的同时，处理好垦荒与种好原有耕地的关系。

第二，保护土地，节约用地。保护土地是指要防止乱砍滥伐、毁林开荒、毁草种粮、过度放牧以及粗放式经营等原因造成的水土流失、风沙侵蚀、土地破坏，保持良好的土壤结构和理化性状，保证土壤肥力不断提高，维持农业生态系统的良性循环。

第三，扩大林地面积，提高森林覆盖率。森林具有调节气候、涵养水源、保持水土、防风固沙等效能，还能够减少空气污染、净化美化环境。目前我国森林覆盖率处于较低水平，我国农业自然灾害频繁发生与此不无关系。另外，发展林业还可以为国家建设和人民生活提供大量的木材和林副产品，为农业生产提供燃料、肥料、饲料等。

第四，合理开发利用草地资源。草地资源包括草原、草坡和草山，利用各种草地发展畜牧业，能以较少的投入获得大量畜产品，是经济合理利用土地资源的有效方式。同时，合理开发利用草地资源，做好草地建设，还能够调节气候、保水固沙，建立良好的生态系统。

第五，合理开发利用水域资源。目前我国淡水可养殖面积的利用率、海水可养殖面积的利用率均处于较低水平，还有很大的开发利用潜力。因此，对于水域资源的利用，应该坚持捕捞和养殖相结合的原则，努力提高水域资源的利用率。

（2）实行土地集约化经营，提高土地资源生产率。在农业生产发展过程中，对土地的利用有粗放型经营和集约化经营两种模式。其中，粗放型经营是指在技术水平较低的条件下，在一定面积的土地上投入较少的生产资料和活劳动，进行粗耕粗作、广种薄收，主要靠扩大土地耕作面积来增加农产品产量和农民收入的一种农业经营方式。集约化经营是指在一定面积的土地上投入较多的生产资料和活劳动，应用先进的农业技术装备和技术措施，进行精耕细作，主要靠提高土地生产率来增加农产品产量和农民收入的一种农业经营方式。农业生产经营向集约化方向发展，是由土地面积的有限性和土壤肥力可以不断提高的特性决定的，也是农业生产发展的必然趋势。

衡量土地集约化经营水平的主要标志是农业土地生产率。农业土地生产率是指在一定时期内（通常为一年），单位面积的土地生产的农产品数量或产值。单位面积的土地上生产的农产品越多或产值越高，农业土地资源的生产率就越高。农业土地生产率主要受自然条件、农业科学技术水平、生产资料的数量和质量、劳动的数量和质量等因素的制约。要提高农业土地的生产率，必须不断改善农业生产条件，增加农业科技投入，实行精耕细作，保护和提高土壤肥力，把已经用于农业生产的土地资源利用好，即提高土地集约化经营的水平。

根据目前我国农业生产经营的现状来看，要提高土地的集约化经营水平，必须调整优化农业生产结构和农作物种植布局，发展适应性强、效益高的农业生产项目。为此，需要做到：①增加农业资金投入，提高农业技术装备水平，改善农业生产条件；②实施科教兴农战略，广泛应用现农业科学技术，提高农业生产的机械化、科学化水平；③扩大耕地复种面积，提高复种指数；④做好农业经营管理，提高农业的整体素质，使农业土地资源生产率的提高脱离传统生产方式的束缚，提升农业生产的发展模式。

在增加农业生产投入，提高土地集约化经营水平的过程中，要注意追加投资的适合度，尊重土地报酬递减规律。追加投资适合度是指在一定科学技术水平条件下，追加的投资和增加的产量、产值之间有一个合理限度。在技术条件不变的情况下，农业增加投资也是有限度的，超过了这个限度，增加的农业投资不但不会带来农产品产量的增加，反而可能导致产量、产值的减少。在一定面积的土地上，追加投资的最大限度应该是边际收益与边际成本相等的点。在达到这一点之前追加投资，会使土地继续增产增收，集约化水平提高；超过这个点之后继续追加投资，便会出现增产减收，甚至减产减收，土地经营的集约化水平下降。因此，当对单位面积土地投资的增加额与递减的土地报酬相等时，追加投资达到最大限度，土地产出最大化，在既定技术条件下的土地集约化经营达到最高水平。

（3）促进土地合理流转，提高土地资源使用效率。农业土地作为一种生产要素，只有进行合理流转，才能实现合理配置和高效利用，才能真正体现土地资源作为生产要素的性质。随着我国农村改革的不断深入和农业的商品化、产业化，农村非农产业发展迅速，土地资源已经不再是农民唯一的谋生手段。农村劳动力的跨部门、跨行业、跨地区转移使原来按农村户籍人口平均分配和承包土地的做法遇到了新的挑战。因此，我国现有的农业土地政策必须适应形势的变化，做出相应的调整，以使愿意从事其他非农产业的农民能够离开土地、顺利转移出去，使愿意继续耕种土地的农民能够发挥特长，获得更大面积的土地进行规模化生产经营，提高农业生产的现代化、产业化水平。

农村土地流转是一个比较复杂问题，目前理论界对其概念的理解和界定也不尽相同，农村土地流转是指在农村土地所有权归属和农业用地性质不变的情况下，土地承包者将其土地承包经营权转移给其他农户或经营者的行为，其实质就是农村土地承包经营权的流转。农村土地流转是促进农业规模化和产业化经营、提高农业土地资源使用效率的重要渠道，要实现农村土地的合理流转，需要做好以下五个方面：

①提高对农村土地流转工作的认识，加强管理。农村土地流转是农村经济发展的必然结果，也是农村劳动力转移的客观要求。各级政府应该充分认识农村土地流转工作的重要性，做到在思想上重视、措施上可行、落实上到位，要以有利于农业生产要素合理流动、有利于促进农业结构调整、有利于增加农民收入为根本出发点，加强对农村土地流转工作的指导与管理，建立有效的管理体制和运行机制，维护农村土地流转的正常秩序和各利益方的合法权益。

②依法流转，规范秩序。完善以实现土地承包经营权的财产权为主体的农村土地制度，建立归属清晰、权责明确、保护严格、流转流畅的现代土地产权制度，促进农户土地承包经营权与财产权的统一。

③积极培育农村土地流转市场。我国土地资源紧缺，要妥善解决土地经营的公平和效益问题，必须培育土地流转的市场机制，从制度上保障农业生产要素的优化组合，实现农业土地资源的优化配置和高效利用。因此，建立农村土地流转的市场化运作机制是农村土地制度改革的必然趋势，而建立健全中介服务组织是促进农村土地流转市场化的重要环节。中介服务组织主要负责农村土地流转的管理及中介，协调处理各利益方之间的关系，做好土地流转过程中的服务工作，在农村土地资源的供给主体和需求主体之间起到媒介和桥梁作用。

④建立保障机制，促进农村土地合理流转。在农村土地流转过程中，必然会有大量的农民离开土地，放弃传统的农业生产和生活模式，一旦不能找到新的工作机会，这些失地农民将没有收入来源，失去生活保障，成为农村土地流转进程中的不稳定因素。因此，要保证农村土地合理流转的顺利进行，必须建立健全可靠的农村社会保障机制，特别是失地

农民的社会保障机制，积极探索农村医疗保障和最低生活保障机制，解决农民的后顾之忧，从根本上消除农民的恋土情结和对土地的依赖，促进农村土地的合理流转。

⑤加强科技培训，提高农民素质。在农业生产规模化、产业化的进程中，需要一大批了解市场经济规律、掌握农业科学技术、擅长农业经营管理的农民科技人才，为土地合理流转之后的农业现代化经营提供技术和人才支持。为此，必须加强对农民的科技培训，提高农民的综合素质和科学素养，拓宽农民择业渠道，特别是使农民能够脱离土地、实现跨行业转移和身份转变，使农村剩余劳动力得到有效转移，为农村土地的合理流转铺平道路，不断提高土地资源的配置效率，增加农民的经济收入。

3. 农业土地资源的保护和开发利用管理

农业土地资源的保护和利用管理是一项十分复杂的工作，涉及面广、层次复杂，管理起来问题多、困难大、任务重，必须建立合理的农业土地资源管理体制和运行机制，使土地资源的保护和利用管理走上科学化、法制化的轨道，实施更加规范有效的管理。

(1) 坚持土地用途管制制度。对土地用途实施管制，是解决我国经济快速发展时期土地利用和耕地保护等问题的一条有效途径，其目的是要严格按照土地利用总体规划确定的用途来使用土地。在具体工作中，应坚持做到：①依据土地利用总体规划制订年度耕地转用计划，并依据规划、计划进行土地的供给制约和需求引导。②严格耕地转用审批。要依法提高耕地转用审批权限，加大国家和省两级的审批管理力度，对不符合土地利用规划、计划的建设用地一律不予批准。③对依法批准占用的耕地要严格执行占一补一的规定。即依法批准占用基本农田之后，必须进行同等数量的基本农田补偿。补偿和占用的耕地不仅要在数量上相等，而且要在质量上相当，以确保农业生产水平不会因为耕地的变化而受到影响。

(2) 严格划定基本农田保护区。实行基本农田保护制度是保护我国稀缺的耕地资源的迫切需要。依据土地利用总体规划，铁路、公路等交通沿线，城市和村庄、城镇建设用地区周边的耕地，应当优先划入基本农田保护区，任何建设都不得占用。

(3) 建立健全耕地补充制度。

第一，必须坚持积极推进土地整理，适度开发土地后备资源的方针。开展土地整理，有利于增加耕地面积，提高耕地质量，同时也有利于改善农村生产和生活环境。

第二，国家必须建立耕地补充的资金保障。土地整理是对田、水、路、林、村进行的综合整治，需要投入大量资金。为此，一方面，按照规定征收新增建设用地的土地有偿使用费，并以此作为主要资金来源，建立土地开发整理补充耕地的专项基金，专款专用，长期坚持；另一方面，有必要制定共同的资金投入政策，将土地整理与农田水利、中低产田改造、农田林网建设、小城镇建设、村庄改造等有机结合起来,依靠各部门共同投入,产生综合效益。

第三,应该根据土地利用状况和社会经济条件,确定土地整理的重点区域。

(4) 建立利益调控机制。控制新增建设用地,挖潜利用存量土地,是我国土地利用的根本方向。在市场经济条件下,除了运用行政、法律手段对土地资源的利用进行管理之外,还应该更多地利用经济手段,调控土地资源利用过程中的利益关系,形成占用耕地的自我约束机制。从当前来看,应该主要采取以下措施:

第一,在土地资源有偿使用的收入方面调控利益关系,控制增量,鼓励利用存量建设用地。一方面,凡是新增建设用地的有偿使用费应依法上交省级和中央财政,从动因与根本上抑制基层地方政府多征地、多卖地等行为;另一方面,利用存量建设用地的土地有偿使用费全部留给基层地方政府,鼓励各基层地方政府盘活利用存量的建设用地,在提高土地资源利用效率的同时增加财政收入。

第二,在有关土地税费方面进行调控,控制建设用地增量,挖潜存量。具体来说,应做到:①提高征地成本;②调整耕地占用税,提高用地成本;③降低取得存量土地的费用,从而降低闲置土地的转移成本,鼓励土地流转;④开设闲置土地税,限制闲置土地行为,促进闲置土地的盘活利用。

(5) 明晰农村土地产权关系。长期以来,我国在农业土地资源保护的综合管理措施方面不断加强,但广大农民群众维护自身的土地权益,依靠农村集体土地所有者保护农业土地资源的机制尚未形成。为了进一步做好对我国农业土地资源的保护工作,除了继续加强行政手段、法律手段和经济手段等方面的综合管理以外,还必须调动广大农民群众积极维护自身权益,形成农民自觉保护耕地的自我约束机制。对此,应当深入研究农村集体土地产权问题,围绕农村集体土地产权的管理,制定切实可行的法律规定,明晰相关的权利和义务,以使我国农业土地资源保护和利用的相关管理走上依法管理、行政监督、农民自觉保护的轨道。

第二节 农业劳动力资源与管理

一、农业劳动力资源的内容与特征

(一) 农业劳动力资源的内容

"农业劳动力资源是农村经济发展的关键因素,加快农业劳动力资源的开发与配置,切实提高农民的综合素质是巩固和加强农业在国民经济中的基础地位的必备条件。"[①] 农业劳动力资源是农业生产的主体,研究农业劳动力资源管理,要从其概念和特点出发,探索进行有效管理和合理利用的途径。农业劳动力资源是指能够直接或间接参加和从事农业生产劳动的劳动力数量和质量的总和。农业劳动力资源包括以下两个方面:

1. 农业劳动力资源的数量

农业劳动力资源的数量是指农村中已经达到劳动年龄和虽未达到或已经超过劳动年龄但仍实际参加农业生产劳动的人数。农业劳动力资源的数量主要由两个基本因素决定,即自然因素和社会因素。自然因素由自然规律决定,包括农业人口的自然增长率、达到或超过劳动年龄的人数以及原有劳动力的自然减员,它是引起劳动力资源数量变动的主要因素;社会因素主要包括经济社会发展程度、国家所采取的人口政策与措施、劳动力资源在各产业部分的分配比例以及农村福利政策和妇女的解放程度等。

2. 农业劳动力资源的质量

农业劳动力资源的质量是指劳动者的身体素质和智力水平,其中身体素质主要指劳动者的体力强弱,智力水平包括劳动者的科学文化水平、劳动技术水平、生产熟练程度等因素。农业劳动力资源的质量变化,主要受农村教育发展和智力开发、农村医疗卫生条件以及农业现代化水平等因素的影响。在传统农业生产条件下,农业劳动者身体素质是衡量农业劳动力资源质量的主要因素。随着农业生产力的发展,农业生产转向以机械操作为主,农业科技推广应用迅速发展,科技水平不断提高,农业劳动者智力水平逐渐成为衡量农业劳动力资源质量的重要指标。

[①] 李春红:《开发农业劳动力资源促进农村经济发展》,载《农业科技通讯》2010年7期,第28页。

(二) 农业劳动力资源的特征

劳动力资源是农业生产的重要资源之一，与土地资源、水资源等农业自然资源和农业生产资金相比，它具有以下特征：

1. 农业劳动力资源的可再生性

由于人类的繁衍、进化，劳动力资源在人类的新老生死交替中不断得到补充，使人类改造自然的活动不断延续下去。因此，从整体上看，农业劳动力资源是一种永续性资源，只要使用得当，可以不断地得到恢复和补充。这一特点决定了农业劳动力资源开发的连续性，一代人改造自然的过程直接影响着下一代人甚至几代人改造自然的过程和结果。这就要求在开发和利用劳动力资源的过程中，必须有长远的统筹安排，把提高农业劳动力资源的整体素质和发展农业生产力紧密结合在一起，保证农业再生产顺利进行。

2. 农业劳动力资源需求的季节性

农业生产受自然条件的影响较大，有明显的季节性，导致农业劳动力资源需求的季节性差异十分明显。不同季节的农业劳动项目、劳动量、劳动紧张程度存在很大差异，农忙时需要大量的劳动力，农闲时则会出现劳动力的相对过剩和闲置。而劳动力资源的服务能力（即劳动能力）无法储藏，在某一时期不予以利用，就会自行消失，不能存贮待用。这就要求农业生产实行专业化生产和多种经营相结合，对农业劳动力资源合理安排、有效利用。

3. 农业劳动力资源的主体能动性

农业劳动力资源的主体能动性，是由人类本身的特性决定的。劳动者具有意识，并能够利用意识去影响客观世界，改变人类改造世界的进程，这种主体能动性是人类社会进化和发展的动力。同样，农业劳动力资源对推动农业生产力的发展起着决定性的作用，农业生产中其他资源的开发利用的状况，在很大程度上取决于农业劳动力资源的开发状况。因此，在开发利用农业劳动力资源的过程中，必须充分发挥劳动者的特长，使其主体能动性得到充分发挥。

4. 农业劳动力资源构成要素的两重性

农业劳动力资源作为农业生产的主体，一方面，作为农业生产中具有决定意义的要素，开发利用得当可以迸发出无限的创造力，通过农业劳动创造社会财富；另一方面，劳动者又是消费者，需要不断地消耗资源，消费社会财富。因此，如果农业劳动力资源得不到合理利用，不能与农业生产资料有效结合，不仅其创造力得不到发挥，而且会成为经济增长的负担，甚至会成为社会的不稳定因素，影响社会的安宁。

二、农业劳动力资源的供给与需求

（一）农业劳动力资源的供给

农业劳动力资源的供给是指在一定时期内，在一定的农业劳动报酬水平下，可能提供的农业劳动力数量。现阶段，我国农业劳动力资源的供给数量包括已经从事农业生产的劳动力和可能从事农业生产的剩余劳动力。

1. 农业劳动力资源供给的基本特征

（1）农业劳动力资源供给的无限性。农业劳动力资源供给的无限性是指与农业劳动力需求相比，农业劳动力的供给处于绝对过剩状态。由于我国经济发展水平比较落后，人口再生产失控，农业人口总量大，从而造成农业劳动力资源的供给持续上升，形成无限供给的趋势。这种趋势是我国社会主义初级阶段农业市场经济发展的一个基本特征。

（2）农业劳动力资源供给的伸缩性。农业劳动力资源供给的伸缩性是指农业劳动力的供给数量受农产品价格等因素影响呈现的增减变化。主要表现是当某种农产品价格高时，从事该农产品生产的劳动力迅速增加；反之，当某种农产品价格低时，从事该农产品生产的劳动力迅速减少，由此导致农业劳动力资源的供给数量增减变化的幅度较大。这种伸缩性是农业劳动力资源供给的一个重要特征，它不仅自发调节了农业劳动力资源的分配，还导致农业生产的不稳定，造成农业劳动的浪费。

2. 农业劳动力资源供给的影响因素

（1）人口自然增长率。人口的自然增长率是影响农业劳动力数量的重要因素，它直接影响了农业劳动力资源的供给。我国的人口自然增长率一直较高，加之人口基数大，人口的增长速度很快，城乡处于劳动年龄的人口就业问题十分严重，这是造成我国农业劳动力资源供大于求、相对过剩的重要原因。因此，有计划地控制人口规模，适度降低人口自然增长率仍是我国解决农业劳动力资源供求矛盾的关键。

（2）农业劳动报酬。在一定时期内，农业劳动力资源的供给数量是农业劳动报酬的递增函数，农业劳动报酬的高低直接影响着农业劳动力供给的数量，在我国实行家庭联产承包责任制之后，农业生产的分配形式发生了变化，农业劳动报酬主要体现为农民出售农产品的收入。因而，农产品的销售价格就成为影响农业劳动力供给的主要因素，当某种农产品销售价格高、生产者获利大，大量农业劳动力就会转入该生产领域，反之则会有很多农业劳动力退出该生产领域。

我国农业劳动力资源规模数量规模较大，人均耕地面积较少，农业劳动力的绝对剩余和季节性剩余的数量较多，这些农业劳动力随时准备进入农业生产领域，同时，我国农业生产效益相对较低，农民迫切要求开拓生产领域，提高收入水平。因此，利用宏观价格杠杆，以提高农业劳动报酬为导向，能够使农业生产向合理高效方向转化，促进农业劳动力资源的合理利用。

（3）农民的价值观。农民的价值观对农业劳动力资源供给的影响，主要表现在农民对闲暇及收入的偏好。由于我国农业生产力水平较低，农民整体收入水平不高，因而大部分地区的农民把辛勤劳动、增加收入作为价值观主要内容。这是包括我国在内的发展中国家的共有现象，能够在很大程度上促进农民积极参加农业生产，增加农业劳动力资源供给。随着社会发展和经济水平的提高，农民的价值观也必然会随之发生变化，对农业劳动力资源的供给产生影响。因此，研究农民价值观的变化，对于合理利用农业劳动力资源也有一定意义。

（二）农业劳动力资源的需求

农业劳动力资源需求是指在一定时期内，在一定的农业劳动报酬水平下，农业生产需要的劳动力数量。它是在现有农业自然资源状况和生产力水平的条件下，为了保证经济发展和社会对农产品日益增长的需求，整个社会对农业劳动力资源数量和质量的整体需求。

1. 农业劳动力资源需求的基本特征

（1）农业劳动力资源需求的季节性。农业劳动力资源的需求受农业生产的季节性影响，需求数量呈明显的季节性变化。在农忙季节，农业劳动力需求数量很大，常常造成农业劳动力的不足；而农闲季节，对农业劳动力需求的数量较小，又常常会形成季节性的农业劳动力剩余。因此，研究农业劳动力资源需求的季节性，对于合理利用农业劳动力，保证农业生产的顺利进行，具有重要意义。

（2）农业劳动力资源需求数量的递减性。农业劳动力资源需求的递减性是指随着农业生产力的发展，农业劳动力需求数量会逐渐下降。造成这种现象的原因主要包括：①农业生产可利用的自然资源数量有一定限制，可容纳的农业劳动力数量有限；②农业是生产人类消费必需品的部门，对每一个消费者来说，这类消费必需品的需求数量是随着人们生活水平的提高而逐渐下降的。另外，我国农业生产力水平较低，农业生产主要依靠大量的劳动力投入。随着我国农业生产力水平的提高，农业生产将更多地需要资金和技术投入，对农业劳动力的需求也会逐渐减少。因此，农业劳动力需求总体上呈下降趋势，这是世界农业发展过程中的普遍趋势，也是农业生产发展的客观规律。

2. 农业劳动力资源需求的影响因素

（1）土地资源条件。土地资源是农业生产的主要自然资源，其数量直接影响农业生产对劳动力的容纳程度，是影响农业劳动力需求的主要因素。从农业生产发展的进程来看，随着农业生产力的提高，土地资源对农业劳动力的容纳数量逐渐下降。尤其是我国这样人多地少的国家，农业上可开发的土地资源数量有限，容纳和增加农业劳动力需求的潜力较小。同时应该看到，我国很多地区农业土地经营粗放，土地生产率较低，要改变这一状况，需要加强农业基本建设，实行精耕细作，合理增加单位面积土地的农业劳动力投入，提高土地资源的生产率，这样就会增加对农业劳动力资源的需求。

（2）农业耕作制度。我国农业生产的地域差异较大，各地区的耕作制度也各不相同，而不同的耕作制度直接影响着农业劳动力的需求水平。对此，需要建立合理的农业耕作制度，适当增加土地复种指数，实行轮作制，特别是合理安排果蔬、园艺等劳动力密集型农产品的生产，增加对农业劳动力的需求。同时，建立合理的农业耕作制度客观上要求开展农业基础设施建设，增加长期性的农业劳动投入，这是增加农业劳动力需求、有效利用农业劳动力资源的重要途径。

（3）农业多种经营水平。农业生产包括传统的农业种植业和林、牧、副、渔等行业，除了农业种植业之外，农业中的其他各行业也对农业劳动力资源有很大的需求。因此，充分利用农业土地资源多样性的特点，合理开发山地、草原、水面等农业自然资源，实行多种经营，既可以提高农民收入、增加农业产出。同时还可以增加对大农业中林、牧、副、渔等各业的农业劳动力投入，这对于提高农业生产力，促进农业劳动力的内部消化、合理利用农业劳动力资源具有十分重要的意义。

（4）农业生产项目。农业是一个农林牧副渔各业全面发展、农工商综合经营的宏大部门，要求农业及与农业有关的各种生产项目协调发展。农业生产项目多，可以拓宽农民就业门路，增加对农业劳动力的需求数量。从我国农业的发展趋势来看，在农村大力发展乡镇企业，开拓新的农业生产项目，促进农业劳动力的转移，是我国农业发展的必然方向，也是增加农业劳动力资源需求的重要途径。

（5）农业机械化水平。农业机械化水平和农业劳动力资源的需求之间呈反比关系，一国（或地区）的农业机械化水平越高，对农业劳动力的需求数量越少。因此，实现农业机械化的过程，也是农业劳动力需求逐渐下降的过程。我国农业劳动力资源丰富，人均耕地资源比较少，不可避免地会与农业机械化产生一些矛盾。因此，在我国在实现农业机械化的过程中，要结合农村实际情况和农业生产需要，因地制宜，不能急于求成；要把实现农业机械化的过程与农业劳动力转移紧密结合起来，合理利用农业劳动力资源，调动农民的生产积极性，促进农业生产的发展。

三、农业劳动力资源开发与利用管理

我国是一个农业大国，也是一个人口大国，合理开发和利用农业劳动力资源，提高我国农业生产的效率和质量,对于我国经济和社会发展有极其重要的意义。为此,需要对农业劳动力资源的利用进行评价,据以加强对农业劳动力资源的开发和利用管理。

(一) 农业劳动力资源的开发

农业劳动力资源开发指的是为充分、合理、科学地发挥农业劳动力资源对农业和农村经济发展的积极作用,对农业劳动力资源进行的数量控制、素质提高、资源配置等一系列活动相结合的有机整体。农业劳动力资源的开发包括数量开发和质量开发两个层次的含义。

农业劳动力资源的数量开发,是指用于农业劳动力资源控制而展开的各项经济活动及由此产生的耗费。不同类型的国家或地区的农业劳动力资源数量控制的目标也各不相同,既有为增加农业劳动力资源数量进行努力而付出费用的,也包括为减少农业劳动力资源数量而做出各种努力的。

农业劳动力资源的质量开发,一般是指为了提高农业劳动力资源的质量和利用效率而付出的费用,包括用于农业劳动力资源的教育、培训、医疗保健和就业等方面的费用。目前,我国的农业劳动力资源开发主要是指对农业劳动力资源的质量开发,尤其是对农业劳动力在智力和技能方面的开发。

1. 农业劳动力资源开发的意义

随着农业现代化的发展,农业生产对科学技术人才和科学管理人才的需求越来越大,因而开发农业劳动力资源质量,提高农业劳动者的素质显得越来越重要,其重要意义主要体现在以下四个方面:

(1) 农业现代化要求农业劳动力有较高的素质。在国外一些实现了农业现代化的国家中,农业有机构成与工业有机构成之间的差距在逐步缩小,甚至出现了农业有机构成高于工业有机构成的情况,因而对农业劳动力资源数量的要求越来越少,对农业劳动力资源质量的要求却越来越高。这就要求提高农业劳动者的科学文化水平和专业技能,以便在农业生产中掌握新设备和新农艺。

(2) 科技投入在农业生产中的重要性越发明显,对农业劳动力素质提出了更高的要求。农产品增产到一定程度后,再要提高产量、提高投入产出的经济效益,就不能只靠原有技术,而是要靠采用新的科技手段。因此,要繁育农业新品种,改革耕作及饲养方法,提高控制生物与外界环境的能力,就必须对农业劳动力资源进行开发,以利于将现有农业生产力各个要素进行合理组合,选择最佳方案。

(3) 农业生产模式的变革要求农业劳动力掌握更多的知识和技能。农业生产正在由自然经济向商品经济转变,并逐步走向专业化、社会化的过程中,需要掌握市场信息,加强农产品生产、交换和消费各个环节的相互配合,没有科学文化、缺乏经营能力是做不到的,这客观上要求对农业劳动者进行教育培训,提高他们的科学文化水平和经营管理能力。

(4) 开发农业劳动力资源是拉动内需,促进国民经济进一步发展和农业可持续发展的需要。随着对农业劳动力资源开发步伐的加快,农民对教育的需求将会不断增加。为此,必须采取积极措施,发展面向农业劳动力资源开发的教育产业,增加农村人口接受各类教育和培训的机会,为农村经济的进一步发展培养出更多合格的有用人才。同时,大力开发农业劳动力资源,增加农业人力资本的积累,可以使教育成为农村新的消费热点,拉动内需,促进国民经济的发展。

2. 农业劳动力资源开发的对策

(1) 着眼"三农"问题的解决,加强对农业劳动力资源开发的组织领导与管理协调。随着农村工业化、城镇化进程的加快,我国的农民正在发生着职业分化,有着更多的发展要求和发展空间。除一部分农民继续留在农村务农之外,大部分农民正由农业向城镇非农产业流动,由传统农民向现代产业工人转化。但由于转移的大多数农民不具备非农就业所必需的知识、技能和素质,客观上要求加大对农村人力资源的开发力度,以此提高农民的科技文化素质。为此,必须做好组织领导和管理协调方面的工作,建议成立由中央有关部门牵头的专门领导小组,作为农民教育培训的领导、协调机构;增加农村职业教育和成人教育的经费投入,把农村职业教育和农民培训工作列入地方政府的任期目标和考核内容;继续坚持农村三教统筹和农科教结合,并进一步探索在新形势下的实现方式。

(2) 加快体制创新,积极构建政府主导、面向市场、多元投资的农民教育培训体系。农民教育培训作为一项面广量大的系统工程,理应得到各级政府、各相关部门乃至全社会的共同关注和积极支持。政府部门作为教育的实施主体,应当从促进教育公平,关心弱势群体,构建和谐社会的战略高度出发,充分认识加强农民教育培训的重要性。在解决农民教育培训资金经费的问题上,各级政府应处于主导地位,同时也必须广开渠道,实行投资主体的多元化。

第一,中央和地方财政要加大对农业劳动力资源开发的投入,提高教育经费的财政投入占 GDP 的比重,同时在教育经费的使用过程中,向农民教育培训投入适当倾斜。

第二,国内、国外并重,吸引各方投入。国内要鼓励城市支持农村,东部支援西部,鼓励企业、投资者到农村和西部地区进行教育投资。国外则要通过优惠政策,吸引国外政府、国际组织、企业家、华人华侨到我国农村开发劳动力资源,同时积极争取无偿援助、捐赠、低息贷款等，通过吸引多元投资方式推动我国农业劳动力资源开发水平的全面提升。

第三，加快体制创新，完善培训体系，尽快建立与现代农业和农村经济发展相适应，以农民科技教育培训中心为骨干，以中高等农业院校、科研院所和技术推广机构为依托，以企业和民间科技服务组织为补充，以乡镇培训基地为基础的功能强大、手段先进、运转灵活的开放型、协同型的农民教育培训体系，按照新农村建设的要求，卓有成效地开展对农民的教育培训。

（3）在普及义务教育的基础上大力发展农村职业教育，重视技能型、应用型人才的培养。农业劳动力资源开发的首要任务是在农村普及九年制义务教育，消灭农村青壮年文盲。农村要把普及九年制义务教育作为当前劳动力资源开发的基础工程，力争在最短的时间内完成任务。在此基础上大力发展农村职业教育，加速培养留得住、用得上的技能型、应用型人才，这是符合我国农村实际的明智之举，也是在目前教育经费不足的情况下低成本、高效率开发农业劳动力资源，解决农村人才瓶颈的有效措施。

第一，立足农村经济社会发展、农民脱贫致富的实际需要，有针对性地进行农业劳动力资源的开发，合理引导农村初中毕业生到农业职业学校学习，并通过实施助学贷款、创业扶持计划，对报考农业职业学校的农村青年或毕业后愿意扎根农村创业发展的毕业生给予适当的资金支持和相应的政策优待，以鼓励引导农村初中毕业生选择职业教育。

第二，农村职业教育的专业设置、课程体系、教学模式要有针对性，立足学生生存本领、职业技能和致富能力的培养，通过与企业积极建立联系，了解用人单位的需求，按照就业岗位所需要的人才规格和能力素质进行订单培养，防止教育资源的浪费。

（4）规范劳动就业准入制度，建立完善促进教育需求的动力机制，督促农民主动参与培训。为了提高农民的就业竞争能力，实现农业剩余劳动力的高质量转移，必须推行规范的劳动就业准入制度。

第一，严格职业准入。要在确定的职业准入范围内，积极推行职业准入制度，逐步做到凡已公布实行职业准入的行业必须严格执行，农村青壮年劳动力如果没接受职业教育或培训，没有取得相应的毕业证或职业资格证，就不能参加就业。

第二，严格年龄准入。我国目前每年新增大量农业剩余劳动力，其中大多数是没有升入高中的初中毕业生，这些初中毕业生没有经过基本的职业培训就直接进入劳动力市场，给本已过剩的劳动力市场造成更大压力和混乱，也造成人力资源的巨大浪费。对此，各级劳动部门、用人单位必须对未成年的农村初中毕业生实行就业年龄限制，通过规范劳动准入制度，督促年轻农民主动参与职业教育和技能培训。

（二）农业劳动力资源的利用管理

为了充分合理地利用农业劳动力资源，需要积极促进农民的充分就业，提高农业劳动力的使用效率和经济效益，主要是提高农业劳动力资源的利用率和农业劳动生产率两个指标。

1. 经营农业集约化，提高劳动力资源利用率

我国的农业劳动力资源十分充裕，而农业自然资源尤其是土地资源相对稀缺，同时对农业的资金投入不足，导致农业劳动力资源大量闲置，农业劳动力资源的利用率较低。从当前我国农业生产的情况来看，要提高我国农业劳动力利用率，主要应该依靠农业的集约化经营，增加农业生产对农业劳动力的吸纳能力。具体途径如下：

（1）增加对农业的资金和其他要素投入，加强农业基础设施建设，为农业生产创造更好的物质条件。同时改变原有单纯依靠增加要素投入量的粗放型农业生产经营模式，促进农业劳动力资源和农业生产资料的更好结合，通过实现农业生产的集约化经营来增加农业生产的用工量，使农业劳动力资源得到充分利用。

（2）发挥资源优势，依靠农业科技，加快发展农业产业化经营，增加农业生产的经营项目，拉长农业生产的产业链条，吸纳农业劳动力就业。尤其是要发展劳动密集型农产品的生产，创造更多的农业就业岗位，使农业劳动者有更多的就业选择空间，增加对农业劳动力的使用。

（3）合理安排农业劳动力的使用，组织好农业劳动协作与分工，尽量做到农业劳动力资源与各类需求量的大体平衡。根据各项农业生产劳动任务的要求，考虑农业劳动者的性别、年龄、体力、技术等情况，合理使用农业劳动力资源，做到各尽所能、人尽其才，充分发挥劳动者特长，提高劳动效率。另外，要尊重农业劳动者的主人翁地位，充分发挥他们在农业生产中的主动性、积极性和创造性。

（4）对农业剩余劳动力进行有效转移，合理组织劳务输出。一方面，发展农村非农产业，实现农业剩余劳动力的就地转移，同时把农业剩余劳动力转移与城镇化发展结合起来，积极推动农业剩余劳动力向城市转移；另一方面，积极推动农业剩余劳动力的对外输出，利用国际市场合理消化国内农业剩余劳动力，这也是我国解决农业劳动力供求矛盾，提高农业劳动力资源利用率的一个重要途径。

2. 促进农业现代化，提高农业劳动生产率

充分合理地利用农业劳动力资源，还要提高对农业劳动力的使用效率，增加农业生产中劳动力资源投入的产出，即提高农业劳动生产率。影响农业劳动生产率的因素主要包括生产技术因素，即农业现代化水平，以及自然因素和社会因素。这些影响因素决定了提高农业劳动生产率的途径，主要途径如下：

（1）充分合理地利用自然条件。所谓自然条件，是指地质状况、资源分布、气候条件、土壤条件等这些影响农业劳动生产率的重要因素。自然条件对农业生产有至关重要的影响，由于自然条件不同，适宜发展的农业生产项目也不同。以种植业为例，同一农作物在不同的自然条件下，投入等量的劳动会有不同的产出、不同的劳动生产率。因此，因地制宜地配置农业生产要素，利用自然条件，发挥区域优势，投入同样的农业劳动力就可以获得更多的农产品，提高农业劳动的自然生产率，实现对农业劳动力资源的优化利用。

（2）提高农业劳动者的科技文化水平和技术熟练程度。劳动者的平均技术熟练程度是劳动生产率诸多因素中的首要因素，在农业生产中也同样如此。由于农业生产中的生产力提高和科技进步是以新的劳动工具、新的劳动对象、新的能源和新的生产技术方法等形式进入农业物质生产领域的，这就要求农业劳动者具备较高的科技文化水平、丰富的生产经验和先进的农业劳动技能。另外，农业劳动者技术熟练程度越高，农业劳动生产率也就越高。为了提高农业劳动者的科技文化水平和技术熟练程度，必须大力发展对农业和农村的文化教育事业、科学研究事业。

（3）提高农业经济管理水平，合理组织农业生产劳动。按照自然规律和经济规律的要求，加强农业经济管理，提高农业经济管理水平，使农业生产中的各种自然资源、生产工具和农业劳动力资源在现有条件下得到最有效的组合和最节约的使用，从而达到增加农产品产量、节约农业活劳动和物化劳动的目的，这对于提高农业劳动生产率、合理有效利用农业劳动力资源具有重要作用。

（4）改善农业生产条件，提高农业劳动者的物质技术装备水平。农业劳动者的物质技术装备水平是衡量一个国家农业生产力发展水平的重要标志，也是提高农业劳动生产率最重要的物质条件。农业劳动者的技术装备水平越高，农业劳动的生产效能也就越高，而要提高农业劳动者的技术装备水平，就要发展农业科技。只有农业科学技术不断发展，才能不断革新农业生产工具，不断扩大农业劳动对象的范围和数量，从而有效提高农业劳动生产率。

（5）正确贯彻农业生产中的物质利益原则。在一定的物质技术条件下，农业劳动者的生产积极性和能动性是关系农业劳动生产率的决定性因素。在我国目前的社会主义市场经济条件下，人们劳动和争取的一切都与他们自身的物质利益直接相关，因此必须用物质利益来提高农业劳动者的积极性、主动性和责任心，这样才能更好地组织农业生产劳动，提高农业劳动生产率。此外，建立健全完善的农业经济社会化服务体系，解决好农业生产过程中的系列化服务等，对提高农业劳动生产率也具有重要作用。

第三节　农业科学技术与管理

一、农业科学技术及作用

通常人们习惯于将科学和技术联系在一起，统称为科技。而事实上，科学和技术尽管密切相连，但是其间又存在着一定的区别。科学主要是解决理论问题，而技术侧重于解决实际问题。科学是通过系统（可靠）的知识的有组织的积累，来总结规律、建立理论，技术是将基于科学的研究成果应用到实际问题中去。科学技术的进步有力地推动着人类社会的发展，是第一生产力。现代农业的发展离不开农业科学技术的进步。农业科学技术是揭示农业生产领域发展规律的知识体系及其在生产中应用成果的总称，它是整个社会科学技术总体中的一个重要组成部分。

（一）农业科学技术分类

通俗地讲，农业科学技术是指人们为了农业生产发展而采取的农业方法、手段、工具、设备、知识与经验的总称。农业科学技术分为两类，包括软技术和硬技术。硬技术是指物化形态的农业科学技术，如生产工具、人工饲料、肥料、农药、良种等；软技术包括设计形态或知识形态（如技术方案、技术资料、设计书、专利、样品、样机等）和能力形态或经验形态（如劳动技巧和生产技能、专门知识和经验、组织管理等）。

（二）农业科学技术特征

农业科学技术作为一个特殊的活动领域，与农业科学、农业生产等有着十分密切的关联，同时又存在着本质的区别。农业科学技术是促进农业生产力发展的重要因素之一，在自身的作用过程中具有以下鲜明的特点：

1. 广泛的社会性

一方面，农业中任何科学技术的发展，如旧技术的革新、新技术的开发利用，使同样的投入获得更多的产出，无不以整个社会的需要和发展为前提条件；另一方面，农业科学技术应用的受益者又是整个社会，农业科学技术成果是一种社会共有的财富。现代科学技术的作用已经不局限、单项成果的作用，而是在经济、社会发展的宏观战略决策等方面发挥着十分重大的作用，渗透到社会生活的各个方面，这表明农业科学技术的应用具有广泛的社会性。

2. 外部经济特性

（1）农业生产主要在田野中进行，加上我国农业生产是以家庭为基本生产单位进行的，这种生产方式使得农业技术保密性差，保密成本高。

（2）新技术推广的目的是使其尽快地在农业生产中普及应用，所以推广的对象是每家每户，采用新技术的农民也对该技术起传播作用。

（3）一些农业技术本身要求广大农民配合，比如病虫害防治技术，如果一个农户防治病虫害而相邻农户不进行防治，会影响其防治效果。由此，农业科学技术具有非常明显的外部性，这种外部经济性特征通常会造成市场失灵，单纯依靠市场机制无法解决农业科技创新和农业技术推广问题，导致技术推广的效率低。因此，需要政府在农业科技创新和技术推广中承担较大的责任。

3. 多元的选择性

农业生产是生物因素、自然因素和社会因素相互作用的复杂过程。在不同的时期和不同的区域，由于自然条件和社会经济条件的差异，使得农业科学技术具有强烈的时间差异和空间差异。时间差异意味着不同的农业发展阶段需要的农业科学技术不同，同时在农业生产的不同阶段需要的技术也不同。空间差异使得在一个特定的区域所需要的农业科学技术的结构和类型有其特殊性。因此，农业科学技术发展具有时间选择性和空间选择性。

4. 复杂的关联性

农业生产是生物有机体和自然条件、社会条件的统一。农业生产各个阶段存在着密切的纵向关联性，例如水稻生产按照形态特征可以分为苗期、分蘖期、有穗分化期、抽穗杨花期、灌浆成熟期等，每一个时期需要相应的水稻生产技术，任何一个阶段的技术存在问题都会对下一阶段产生影响。同时，农业科学技术之间也存在横向关联性。在农业生产过程中，动植物的生长发育必须同时具有各种必要的生产发育条件，缺少其中的任何一个，就可能对其生长和发育产生重大影响。例如，水稻生产需要良种、良田和良法相配合，只有良种，而缺乏良法和良田，良种技术的效果不一定能够体现出来。只有将各种技术合理配置才能发挥出农业科技的综合经济效益。因此，农业科学技术具有复杂的关联性。

（三）农业科技进步对农业发展的作用

农业科技进步是科技进步在农业生产领域的具体化，是指人们应用农业科学技术去实现一定的农业发展目标所取得的进展。农业发展目标是多维度的，可以是提高产量、改善品质、降低成本、提高生产率，也可以是减少劳动时间、节约能源、改善环境等。农业科技进步是一个不断创新知识、发明新技术，并推广运用于农业生产实践，从而不断提高经济效益和生态效益的发展过程。这个过程通过对原有的技术进行改造、革新或重新开发新的农业技术代替旧的技术，最终实现农业发展目标。农业科技进步的内容极其广泛，包括科学研究的新进展，新的科技成果的推广应用，原有技术的改造和革新，管理方法的改进，生产结构的调整和完善，农业劳动者素质的提高，资源的分配与组合及规模节约等方面。

农业科技进步既包含农业技术科学的进步，又包含农业经济科学的进步。这两个方面是统一的。因此，在理解农业科技进步的含义时，既要着眼于技术功能，又要着眼于技术的经济效能、新技术对经济增长的推动。其原因在于：①农业技术是一门产业技术（或生产技术），而产业技术本身必然要求基本技术（机械的、物理的、化学的和生物的硬技术）和运用基本技术的软技术的融合，才能发挥技术的经济效能，促进经济增长；②从广义上看，农业科技进步不仅包含生产技术的进步，而且还包含技术的应用和实施所带来的社会财富的增值。因此，技术要素的分配与组合，各种技术要素之间的协调和改善，技术结构和生产结构的调整和完善，也就自然地成为技术进步的内容。因此，我们可以把一切能够使农业生产取得更多更好社会、经济、生态效益的技术，都看成是农业科技进步的内容。

1. 农业科技进步带来生产要素质量的提高和知识拓展

（1）农业技术进步使得农业劳动者通过教育和培训增加知识和技能，知识和技能的增加直接提高了劳动力这一生产要素的质量。

（2）由于技术进步，通过技术改造使设备利用率提高和设备新旧程度发生变化，进而达到资本质量的提高。

（3）由于技术进步，新技术和新工艺的采用，从而使原料和燃料的品位质量提高。其四是技术进步带来研究人员技术知识和管理知识的拓展等。

2. 农业科技进步促进资源配置的改善和结构优化

技术进步对资源配置和产业结构的影响表现在以下三个方面：

（1）技术进步大幅度提高生产要素的转化效率。新技术、新设备、新工艺的利用可以提高各种生产资源的转化效率，提高固定资产的利用率，降低资金的占用率，从而节约社会劳动，导致在相同投入水平下获得较大的产出。

（2）技术进步直接促进产业结构合理化。农业技术进步也可为调整农业结构提供先进的工具，使其结构调整具有强有力的手段。例如，生物工程在农业生产中的运用，将从根本上改变传统农业的面貌，并带来农村新兴产业的发展。

（3）技术进步促进资源的合理配置。采用农业新技术、新工艺将在农村某些产业中大大节约甚至消除某些资源的浪费，同时创造出对新资源的需要，这必然导致对资源的重新配置，使一些紧缺资源集中使用到最需要的产业中去，从而保证农业结构按照市场需要去调整。同时，农业技术进步可以提供先进的决策、管理、信息、咨询、技术等方面的最新成果，可使市场经济减少盲目性，增强自觉性，引导农业结构向着有利于市场经济发展的方向调整。

3. 农业科技进步是实现农业内涵扩大再生产的重要途径

在农业生产中，扩大耕地面积是有限的，由于报酬递减规律的作用，在有限的土地上增加投入，达到一定的界限后，必然会造成报酬递减。而农业技术进步的潜力是无限的，通过它可以实现内涵的扩大再生产，促进农业生产的发展。因此，农业生产必须把技术进步作为发展的动力。

4. 农业科技进步对农村改革的深化和完善具有重要意义

农业技术进步是农村体制改革所要实现的一个重要目标，农村体制改革归根结底是要促进农村生产力的发展，推动农业技术进步。

（1）农业技术进步为市场经济体制的建立提供了物质保障。农业技术进步可以在少增加或者不增加新投入的情况下增加产出量，为经济的发展做出贡献，有助于经济的繁荣。

（2）农业技术进步有利于农民进入市场，活跃农村市场经济。技术进步能提高劳动生产率，而超越劳动者个人需要的农业劳动生产率是一切社会存在的基础。劳动生产率的提高，会使农村劳动力有可能转向非农产业，以更多的产品参与市场。同时，由于农业技术进步，农民的素质也普遍随之提高，他们需要社会承认其价值的愿望也不断加强，从而促使他们迈向市场，并且也有能力迈向市场。

（3）农业技术进步，有利于农业进入市场。当今的市场是竞争激烈的市场，竞争的最后胜利取决于供给市场的产品和劳务的质量。在市场上，优质产品和劳务就能够在竞争中取得胜利，劣质产品和劳动则必败无疑，而农业技术进步能使原有的各生产要素在质量上提高、在组合中更好，会获得更多更好的价廉物美的农产品和劳务，能增强农产品和劳务的竞争力。显然，我国农业要进入市场，就必须依靠农业技术进步提高产品质量，降低生产成本。

二、农业科学技术创新

农业科技创新的含义主要从广义和狭义两个方面理解。

广义的农业科技创新是指由一系列国家科研机构、实验室、农业高等院校等公共机构以及农业生产企业组成的创新系统或网络，这些结构或机构的组织行为活动彼此联系、相互发生作用或产生一定的影响，其相互协调性与整合性决定着整个国家农业知识创新与扩散的能力。可表述为将农业技术发明应用到农业经济活动中所引起的农业生产要素的重新组合，包括新品种或生产方法的研究开发、试验、推广以及应用到农业生产实践等一系列前后相继、相互关联的技术发展过程。广义的农业科技创新不单纯是农业技术的一次应用，其贯穿于农业科研基础研究、应用研究、示范推广研究直到创新成果转化的全部过程，即从农业科技创新资源投入、构思与设想、研究与开发、推广与扩散到最终转化为现实生产力等一系列有顺序、相互关联的技术发展全过程，是科学、技术等要素相互作用、协同互动的系列结果。

狭义的农业技术创新，主要是指农业技术的研发，包括农业科技创新研发、开展区域性试验直到取得农业科技成果，以满足农业生产需求，实现农业技术与农业经济相互促进和转化。狭义的农业技术创新，强调以科学研究为手段，将农业技术应用主体和行业科技的需求物化为农业技术成果的过程。就其内涵而言，狭义的农业技术创新，主要指需求提出、选题构想、研究设计、区域试验、成果登记等系列流程。

（一）农业技术创新的过程

农业科技创新，从概念上理解，是一个由高层次的技术创新替代低层次的同类技术，从新的农产品或生产方法的设想产生，到普及推广应用的完整过程。按照事件的发生顺序可将农业科技创新过程分解为基础研究、应用研究、开发研究、试验示范和推广应用等五个前后相继、相互衔接的阶段，这五个阶段并非每一过程都始于研究与开发或始于市场实现，而是可以从任何一个阶段出发形成回路。农业科技创新是一个过程行为，而不是停留在某一时点的瞬间活动。对于单项农业科技创新而言，这一过程的周期为 5~15 年或者更长时间。

随着时间的推移和社会宏观环境的变化，以及其他条件的变动，原来与生产系统相宜的农业技术逐渐老化，要求农业技术向更高层次发展变化。因此，从长远来讲，农业技术本身要求必须继续向前发展，以适应变化了的条件。为此，从多周期看，农业技术创新还存在周期更迭的创新过程体系。当然，创新过程不会一帆风顺，农业科技创新也是如此。在创新过程体系中，后一环节的创新活动发现前面环节的创新活动存在问题，需要返回到前面环节进行创新修正，以完成创新活动。农业技术创新就是这样一个不断循环的过程，创新过程的反馈，不是一个创新的结束，也不是一个创新的开始，它反映的是创新活动中各环节前后互动的过程关联。

农业技术创新过程的演进存在复杂的经济机制。根据农户对新技术的采用时间，可以将农户分为技术的率先使用者、跟进者和被动采用者三类。新型农业技术一经被农户掌握，就可能促使新技术率先使用者获得超额利润。为此，相关农户纷纷跟进，引致新技术的迅速扩散，这种过程累积到一定水平必然导致农业技术进步。但是，新技术运用所导致的超额利润一旦消除，就促使经济主体产生新的技术需求，推动新的技术创新，启动新一轮农业技术创新的过程体系，构成农业技术创新过程的演进轨迹。因此，该过程可以表述为：部分农户采用新技术—产出增加—超额利润—大量农户跟进技术—产出进一步增加—产品价格下降寻求新的技术—技术创新的新需求产生，这个过程的循环往复，推动农业技术创新过程不断演进。

（二）农业技术创新的特征

1. 农业科技创新具有区域性和季节性

农业科技创新产品的推广及应用不同于工业上的技术产品，是极易受到不同区域环境的影响和制约的。农作物的生长具有一定的自然周期，那么关于某种农作物的科技创新也必须按照农作物生长发育的特定季节和一个完整的生长周期才能完成。而农作物由于品种等适应特定区域的特点，决定了一项农业技术推广应用的区域特定性。区域性是农业科技创新最本质的特征，不同区域农业经济发展的状况需要不同的农业科技创新来满足。此外，农业生产都是在农田里进行，因此不同的地质、气候、土壤、水利等自然条件的变化，经济发展水平，交通运输等社会经济环境的作用，以及农作物生长的自然周期会导致各个地区农业结构存在很大差异，而不同类型的农业产业结构对应着不同类型的农业科技需求，这些因素综合起来决定了农业科技创新具有一定的区域性和季节性。

2. 农业技术创新主体多且松散

农业科技创新的主要参与者包括农业科研机构和高等院校、农业推广服务机构、农户、技术市场、政府机构等，参与角色较多。就我国农业生产领域而言，由于农业生产资料为农户所有，生产单位也表现为零散的农户。因此这种重新组合可分为三个阶段：①集中在农业科技上的研究、试验和开发，其任务是从根本上和全局上实现技术变革或改良，相应的创新主体有农业科研机构与高等院校；②农业技术创新是指农业技术的推广，其主体包括技术市场、农业技术推广中心等；③创新成果与农户及其生产条件的具体结合，侧重于促进农业科技成果的转化应用与扩散，相应的创新主体主要是农业生产单位，在我国主要是指千家万户的农户。农业科技创新的供给和需求之间常常不匹配，各角色大多是按照各自的既定目标完成各自范围内的事情，难以满足整体农业科技创新体系的实际需求，若不制定适宜的制度，会存在一定的供需脱节现象。充分认识农业科技创新过程的多角色及其角色联系的松散性规律，有助于理解农业科技创新过程的复杂性。

3. 农业技术创新的公共产品特性

由于农业生产和农业技术的特殊性，农业技术创新是典型的公共物品，而这一特点根源于农业技术创新和创新技术的采用、扩散的分离。

（1）我国农业生产的分散性使得农业生产单位相对来说规模较小，一般是以农户为生产单位。

（2）农业生产具有一定的区域性，由于受气候、土壤等因素的影响，任何一种新技术的普及都有一定的范围。

（3）农业技术创新既受经济规律支配，也受生物规律支配；农业技术创新的运行受自然力的影响较大，农业技术创新的周期和所需要的时间也较长，在时序上相对落后于其他产业。

（4）创新技术效应的非排他性。农业技术创新主要是生物技术、耕作制度等领域的进步，具有很强的通用性，不同的农户都可以使用。

（5）农业技术创新的潜在需求量比较大，但现实有效需求不足。如减灾防灾、农业基础设施建设、农业生态环境保护与防治等农业科技创新成果，由于农户生产的规模小，难以支付农业科技创新过程的设备、技术和各项费用。

（6）农业技术具有巨大的社会效益。农业科技创新成果大多具有公共产品属性；表现为非竞争性、非排他性和收益上的非独占性，很容易被邻里效应无偿采用或模仿，具有较强的外溢性。农业科技创新成果所具有的这些公共产品特性决定了其不可能完全市场化。特别是针对农业新技术的推广应用，主要还是要借助公益性技术推广体系的推动作用。因此，农业科技创新的公共产品属性决定了农业科技的研究与推广离不开各级政府的财政支持和补贴。

4. 农业技术创新持续的非市场性

农业技术创新的公共物品的特性决定了市场机制无法有效保持农业技术的持续创新。在市场机制作用下，只有一少部分能够物化并能完全实现排他使用的农业技术创新，如种子处理技术、肥料及农药的研制等，可以实现创新收益。如果将大部分农业科技机构的创新活动交由市场机制进行调节，则由于难以实现创新收益而将使创新机构面临陷入经费短缺、士气涣散的境地，从而不能有效地使资源或需求，就农业技术进步的诱导做出积极的反应，严重阻碍农业技术的持续进步。

5. 农业技术创新的供需双向约束性

农业技术创新过程其实就是技术需求主体和技术供给主体双向互动的过程。农户需求不足的原因主要表现在：①农户经营规模小；②农业经营风险大；③技术信息成本高；④

农户自身素质低；⑤农业比较效益低。政府与农业科研机构技术供给不足的原因表现在以下两个方面：

（1）政府供给意愿与供给能力方面。政府出于宏观上的安全需要，确实有通过增加农业科技投入使农产品产出最大化的意愿；然而，由于农业的比较利益较低，在对农业投入比对非农投入获益相对较少的情况下，政府对农业技术供给意愿不高，以至于意愿供给少于实际需要。并且政府对技术的意愿供给与农户对技术的实际需求存在明显反差，如政府需要的是能使粮食产量产出最大化的技术，而农户则需要的是能使收入最大化的技术。

（2）农业科研机构供给意愿与供给能力方面。在政府对农业科研经费供给不足的约束下，农业科技推广及农业教育部门面临生存危机，从而对技术的研究、开发、推广意愿低落，即使有供给意愿也缺乏供给能力。

（三）农业技术创新的模式

1. 政府供给主导型模式

其创新的主体多为公共农业研究院所。政府是农业技术创新的组织者、投资者、管理者，并引导农户使用农业技术成果，农业科技的选择与配置取决于政府的制度安排。农业科技成果由政府投资的研究机构（包括农业院校）按政府计划进行研制、创新，创新成果由政府农业科技推广网络转化为现实生产力，计划和行政力量对技术创新活动起支配作用。当所制订计划既能体现经济发展要求又能保证技术创新所需的资源合理投入及提高工作效率时，这种模式会加快科技创新速度，产生良好的创新效果。这一模式的实质是技术推动模式的发展，从这个模式产生的技术创新，一般是较重大的科技创新，它不仅改变生产技术和管理技术，而且引起技术体系的根本变革，导致新的产业崛起以及对传统产业的改造和对落后产业的淘汰。

2. 市场需求推动型模式

市场需求推动型模式其创新的主体多为企业。这种模式的科技创新始于市场需求，是指技术创新单位或个人从自身经济利益出发，根据市场的技术需求信息自主地组织技术发明和技术创新活动，即市场需求引致了科技创新。农业企业或农户为农业科研单位提供市场技术需求的信息，促使农业科研单位组织技术创新活动，强调技术创新的经济效益，使技术创新与发展生产紧密结合。此种模式能较好地适应市场需求，调动创新者的积极性和创造力，形成一种既有压力又有动力的激励机制，实现以市场为导向的自主创新、自主经营、自负盈亏、自我发展的创新机制。然而，由于需求拉动模式忽视或否定基础性研究对科技创新的作用，人们对基础研究的忽视，使科技创新的发展可能缺乏强有力的后劲。此外,此种模式一般无法提供外部性较大的技术类型。

3. 综合组织驱动模式

创新主体可根据市场状况和自身条件决定是否承接政府计划,政府也可根据各单位的条件选择确定完成计划的创新主体,实现创新主体与政府部门的双向选择。国家计划部门根据市场需求和技术发展机会,综合确定国家重点创新计划或者由某些农业科技创新单位,根据市场需求和技术发展机会确定农业科技创新项目,向政府计划部门申请列入国家重点农业科技创新计划,争取国家计划资助。如国家自然科学基金、国家社会科学基金、中华农科教基金等的设立都是采取此种模式,这将大大提高农业科技创新效率,提高技术创新者的主观能动性和创造力,使市场需求与计划有机结合。但是,如果公私不分,对公共类技术创新动力不足,过分追求营利性的商业化技术开发,与同类企业开展不公平竞争等,往往导致此种模式的效率总体偏低。

(四)农业技术创新的主体

根据农业技术创新定义,农业技术创新包含着几个互相依存、互相承接的基本过程,即农业技术是一个农业科技生产和成果转化应用的全过程。从这些过程中可以看出,农业技术创新并不能由哪一个单位和组织独立完成和承担。或者说,目前还没有哪一个单位或组织能够独立完成农业技术创新的所有过程,而是需要由多元主体参与并共同完成的。根据我国的国情和农业科技工作的规律、特点,现阶段我国农业技术创新体系中的主要创新主体如下:

1. 政府

农业技术创新离不开政府的引导和推动。目前,我国农业的比较效益较低,农业弱质、农民弱势,相对于非农产业而言,政府在农业领域中应发挥更多的调控作用。农业技术创新资金需求量大,具有极大的外延性和不确定性;农业技术创新需要制度保证、激励和诱导,技术创新必须和制度创新相结合;政府作为制度供给者,在农业技术创新活动中的职能主要表现为实施保护知识产权制度、制定技术政策、完善科技立法、营造创新环境。

2. 农业科研机构

农业科研机构是农业科学知识的源头,承担着农业技术创新中的核心任务,即培养农业创新人才,培育新品种,研制新产品,发明新方法,研究新技术。农业科研单位在客观上追求社会目标最大化,并且承担一定的技术创新风险。

3. 农业推广和中介服务机构

农业推广和中介服务机构是农业技术创新不可缺少的组成部分，承担着农业科技创新推广和应用任务，是农业科技创新成果转化为现实生产力的主体。他们不仅具有协调各技术创新要素的能力和功能，同时在协助政府制定相关农业科技政策以及促进农业企业之间的知识流通方面发挥着积极的沟通作用。

4. 农业企业

企业的发展离不开技术创新，企业既是农业技术创新的主体，也是农业技术需求的主体，涉农企业作为农业科技创新的研发、推广与市场的桥梁，起着重要的联结作用。而目前我国真正意义上的、具有较大实力的农业科技企业还很少，既有实力又有进行农业技术创新愿望和行动的农业企业更是寥寥无几。显然农业企业目前只是农业技术创新的潜在主体。

5. 农户

农户直接从事农业生产劳动，位于农业科技创新的终端，是最终的农业科技创新的实施者。一般来说，绝大多数农户不可能进行农业科技的研究与开发，但是也有一少部分具有较高文化水平和科技素质的农户，在利用农业技术的同时，可能会因时因地对农业技术进行改良或创新。即便如此，广大农户作为独立的生产经营单位，仍然是农业科学技术能否变为现实生产力的重要一环，其范围广、力量大，使农业技术创新成果最终走向市场。

三、农业科学技术扩散

技术扩散是整个技术流动过程的关键环节，技术扩散关系到技术创新成果能否得以转化为现实生产力。没有农业技术扩散，农户生产中的问题就无法得到解决，技术扩散的影响和效果就无从发生。

（一）技术扩散的不同观点

第一，技术扩散是一种新技术经过一段时间，通过一定的渠道在社会系统成员中交流的过程。这个过程包括四个要素：新技术、传播渠道、经过一定的时间、在社会成员中进行传播的过程。

第二，技术扩散的过程是信息流通的过程，要经过中间的桥梁，是信息通过桥梁的两步或多步流动过程。

第三，扩散过程是新技术对老技术的替代过程，即技术扩散替代论。替代论的本质在于其强调扩散过程的不均衡特点，即扩散是一种均衡水平转移到另一种均衡水平的不平衡过程。

（二）农业技术扩散五个要素

1. 农业创新技术

农业技术创新是指被农户认为是新鲜的理念、实践经验和实体物品。比方说新的农作方式、新的作物栽培品种和方法、新的农作机械等。不管这项技术是不是首次被发明，只要是有助于解决问题并且与潜在技术采用者生产与生活有关的各种实用技术、知识与信息都可以称作创新技术。

一项技术创新往往包括两个方面，即硬件和软件。硬件是指体现在技术中的物质和实体；软件方面是指使用这些技术实体所需要的经验和技能。例如，一个地区以前用牛耕地，现在出现了拖拉机耕地，耕地用的拖拉机是技术创新的硬件方面，而操作拖拉机的方式和技能则是技术创新的软件方面。技术创新的软件方面往往不容易被观察到，所以人们通常认为技术只有硬件这一个方面。实际上，一项技术在某些情况下主要是硬件方面，而在另一些情况下仅仅只是信息而已，比方说新的作物栽培管理技术。在很多情况下，新技术是否对它所要替代的技术具有明显的相对优势，不仅与技术本身有关，还与使用技术的人的素质和技能有关。为了了解一项农业新技术的优势和劣势，一些潜在的技术采用者会收集关于技术本身的信息以及已经采用该技术的农户对此技术的评价信息。

2. 扩散中介

新技术的扩散过程，实际上是新技术自身所包含的信息以及已采用技术的农户对技术的评价信息在技术推广人员、技术采用者和潜在技术采用群体中相互交流的过程。日常生活中的媒体（包括广播、电视、报纸、户外广告以及互联网等）和技术推广人员，往往是潜在技术采用者开始知晓一项新技术存在的最为快捷和有效的媒介。村庄社区内农户之间的交流渠道是说服农户采用新技术的最有效的方式，尤其是有着相同社会经济地位、教育背景或在其他方面相似的农户之间更容易相互影响技术采用决策。农业科技推广机构和推广人员在农业技术的扩散中扮演着很重要的角色。农业技术推广作为农业教育、科研与农民以及政府和农民之间联系的桥梁和纽带，在农业与农村经济发展中起着非常重要的作用。因此，支持农业技术推广往往也是政府推动农业生产率提高和农村经济发展的重要措施。

农户对农业技术的评价往往并不是基于科学计算技术采用成本和收益，而是依靠已经采用该技术的农户的经历和评价来主观评价技术创新，并以此为参考做出技术采用决策。技术推广人员在技术扩散中的作用是把技术创新的相关信息告知农户，解决农户关于技术使用方面的疑难问题。这就容易产生一个问题：农业技术推广人员与潜在技术采用者，在专业技术、社会地位、价值观和教育背景等方面差异甚大，以致他们之间不容易形成共同语言，因而不能进行有效的沟通。没有有效的交流与沟通，新技术的信息就难以传达。因此，技术推广人员不仅要具备完备而又精深的专业知识，而且要能尽快地找出与农户之间的共同话题和共同语言，以求在技术推广中能够与农户很好地沟通和交流。

3. 时间

农业技术扩散的时间维度包含以下方面的内容：

（1）技术采用决策需要经历一个过程，即潜在技术采用者从认知技术的存在到形成技术的主观评价，再到决定采用技术或者拒绝采用技术是一个完整的过程。

（2）不同农户采用新技术的时间存在差异，有些农户较早地采用新技术，还有一些农户采用新技术的时间比较滞后。

（3）随着时间的推移，在一个社会经济系统中采用技术的农户累积起来会越来越多，技术采用率逐步增加，然后趋向稳定。

技术采用过程是对技术信息收集和信息处理的过程，可以细分为五个阶段：①在认知阶段，农户知晓技术的存在，并了解技术如何运转；②在说服阶段，农户形成对技术好的或者较差的评价；③到了决策阶段，农户则为采用技术或拒绝采用技术做一些准备活动；④在试用阶段，农户把新技术投入使用中；⑤在证实阶段，农户加强了关于采用技术的决心，或者面对技术采用一些负面的信息决定不再采用新技术。

4. 潜在技术采用者

农业新技术在一个社会群体扩散的过程中，部分农户会接受新技术而很快采用新技术，还有一部农户虽然或多或少会了解新技术，但始终不会采用新技术。在技术扩散之前，那些以后将会采用新技术的农户成为潜在技术采用者。潜在技术采用者采用新技术受到自身风险倾向、家庭资源禀赋以及社会经济系统的影响。

5. 社会经济系统

社会系统是为了完成一个共同的目标而相互关联个体的集合，社会系统通过多种方式影响技术扩散。

（1）社会结构会影响技术扩散。社会系统成员之间的交际网络存在一个非正式的结构，这样的结构决定了谁跟谁在什么样的环境下交流。往往具有相同地位、教育背景、家庭经济状况的社会成员经常在一起交流，这样技术就容易在这一类人群中传播，因为个体更容易受到同类人的影响。

（2）社会准则也会在某种程度上影响技术扩散。社会准则是一个社会群体中固定的行为方式，社会成员都以这个准则作为自己行为的向导和标准，他们以这个准则来判断什么样的行为是能够容忍的，因此社会准则可能成为技术扩散的障碍。

（3）社会群体中的意见领袖对技术扩散具有至关重要的作用。意见领袖是一个群体中的信息中心，与广大的社会成员之间都有着比较频繁的交流与联系，能够以令人满意的方式和较高的频率影响其他个体的态度、观点和行为。意见领袖往往是技术能力比较过硬、对外交流比较活跃、行为与社会准则一致的个体。当新技术与社会准则一致的时候，他们往往倾向于采用新技术，而当新技术与社会准则不一致时，他们则选择抵制新技术的采用与扩散。

（4）作为技术扩散中介的技术推广人员对技术扩散过程施加影响。技术推广人员往往是在某一技术领域具有专长、拥有大学学历的专业人员，其所受的专业训练和社会地位往往意味着他们与农户之间的异质性较大，而这样的异质性将会使他们与农户之间难以实现有效的交流，进而影响技术推广的效果。因此，技术推广人员不仅要具有较好的专业知识，还要尽量找到与农户之间的共同语言和话题，以便和农户进行有效的沟通。

（三）农业技术扩散四个维度

1. 农业技术扩散过程

（1）等待阶段。当某项农业新技术从农业科研机构研发出来以后，并不是马上就能传到农户手中并被农户加以采用。新技术出现以后，往往要先进行适应性测试，通过之后交由农业科技推广机构或者其他渠道向广大农户进行推广，从技术开始推广到农户了解到新技术的有关信息，中间有一个时间间隔。这个时间间隔里还需要考虑农户的某些社会经济因素。

（2）突破阶段。农户采用农业新技术总是带有一定目的的。一方面，当农户在农业生产中遇到了实际的问题，他们就需要寻求解决问题的方案。在科技进步的条件下，农户通常可以通过采用农业新技术来找到生产过程中出现问题的解决方案，这就产生了农户的农业技术需求。另一方面，某项农业新技术在当地的生产还需要进行进一步的试验，只有通过了当地条件的生产试验，排除了生产中因自然条件差异导致的不确定性，该项新技术才可能进入生产实践中。此外，从农户的角度看，农户不能准确地估计采用新技术的投入和产出，一旦采用还有可能失败，从而遭受损失。如果考虑到农户的社会文化因素，他们还可能因为这些因素的作用而影响到其采用决策。

通常认为，只有在经济上和社会上有安全保障的农户，或者经济没有保障但如果不尝试采用新技术农业生产将无法正常进行的农户，才可能愿意首先尝试采用农业新技术。一般将这样的农户称为技术创新者。创新者的数量往往很少，他们要冒经济方面和社会方面的双重风险，而且这种风险异常之大。尽管存在很大的风险，但是技术创新者会力图把采用技术的风险控制在最小范围内。由于技术创新者对待新技术往往持谨慎的态度，他们通常比后来的技术采用者需要更长的实验阶段。这些农业技术创新者的技术采用活动能够为后来的技术采用者提供试验和示范。

（3）关键阶段。当技术创新者采用农业新技术于农业生产中获得成功，有效地解决了其在农业生产中发现的或遭遇的问题，得到丰厚的收益时，就会有人开始仿效和采用。这些人可以称为早期采用者，他们具有以下的特征：①认为自己处在一种同技术创新者相类似的经济和生产环境之中，或是他们面临着同样的生产问题；②认为自己与技术创新者处于同等的社会地位。此时经过技术创新者的技术采用和示范活动，其他的农户再来获取该项技术相关信息就变得容易多了，技术采用的不确定性和风险也已经降低到一定程度。在这些早期采用者中，总有一些能够影响其他人的意见领袖，其他人容易受到他们的影响而去使用新技术。

进入关键阶段后，以前在技术突破阶段多数农户对技术创新者和新技术的观望和抵制的现象已经不能对其他农民产生足够影响了。这主要是因为新技术的风险已经处在可控制的范围内，同时新技术已经对大多数农户有了足够的吸引力。越来越多的农户会对新技术产生兴趣。关键阶段最终决定着该项技术创新能否真正起飞，并能否快速扩散。当技术采用者占所有潜在技术采用者的比例达到一定程度时，农业技术扩散过程就可能会持续进行，技术创新者、早期采用者和普通农户之间存在广泛的交流和学习机制，这可能成为农业技术扩散的主要推动力。

（4）自我推动阶段。当部分农户成功地采用了新技术，并且新技术的效果日益得以显示的时候，采用技术的风险就会进一步降低。此时，社区的意见领袖会对农户的观点形成重要的影响力，他们的加入会进一步推动该技术的推广。越来越多的农户会认识到，采用新技术已经成为一种趋势。这种认识的转变会进一步推动着其他农户加入采用者的行列。从而，技术的扩散过程获得了自我持续发展的动力，技术采用的高潮即将到来。

（5）浪峰减退阶段。在一项农业新技术被大多数农户采用以后，技术扩散曲线会进一步出现转折。由于没有采用新技术的农户比例下降，数量相对较少，此时，技术扩散曲线会与横轴相交，表明社区内所有农户或者所有潜在采用者都已经采用了农业新技术。农业新技术的采用并不是能够对所有的农户都带来同等效益的。对有些农户而言，采用新技术的阻碍力要比驱动力大得多。当扩散曲线达到最高的峰值时，技术扩散过程自身已经获得了更多新的驱动力，这使得后期采用者各方面平衡状况发生了改变。这时技术采用的驱动力已经不会从过程本身产生，因此扩散曲线下降（浪峰减退）并变得平缓，技术扩散逐渐达到饱和状态。

(6)退出阶段。当一项农业新技术被绝大多数农户接受和采用，意味着该项技术已经不是新的技术。这时，那些技术创新者或早期采用者可能会开始放弃继续采用该项技术；在技术扩散的前几个阶段都会有部分已采用新技术的农户退出技术采用者的队伍，只不过这一时期加入采用者行列的农户数量远远超过退出的农户数量。当退出技术采用者行列的农户数量渐渐增多时，这就可能意味着该项新技术已经释放了它最大的效益。农户已经通过该项技术解决了当时生产过程中的问题，也就没有继续采用新技术的必要了。到了后期，还有可能出现新的生产问题，所采用的技术已经无法解决新出现的问题了，这时就会出现对下一个技术创新的呼唤。在有些情况下，新的替代技术出现并开始受到农户的欢迎，老技术逐渐退出历史舞台，而新一轮的农业技术扩散过程开始了。

2. 农业技术扩散范围

在技术扩散的突破阶段、关键阶段、自我推动阶段和浪峰减退阶段，技术的扩散和影响在一定的空间范围内是逐渐扩大的。随着退出阶段的到来，技术的影响范围又逐渐缩小。这就出现了一个新的概念——技术扩散范围。技术扩散范围又可以理解为技术扩散的广度。技术扩散广度可以表示为某一地区采用农业新技术的农户占所有农户的比例。

3. 农业技术采用程度

技术扩散的各个阶段反映了技术扩散的进展情况，技术扩散的广度反映了技术的影响范围变化情况。但是这没能反映出单个农户采用新技术的程度。可以用技术扩散深度来衡量单个农户对农业新技术的实际应用规模。因农业技术的类型不同，衡量农户采用规模可能需要不同的指标；同一种技术也可以用不同的指标来衡量农户技术采用的程度。

4. 农业技术扩散速度

在技术扩散研究中，人们普遍关注技术扩散的快慢，而且在技术扩散的不同阶段，技术扩散的快慢表现出很大的差异性，这种差异性也作为划分技术扩散阶段的一个依据。

技术扩散速度是用来衡量技术扩散快慢的指标，反映技术成果被人们接受利用的时间长短。可以从宏观和微观两个层面来理解技术扩散的速度。从宏观层面上看，技术扩散速度是指技术在一定区域或者群体中扩散的速度，它可以从两个角度来理解，即横向扩散速度和纵向转化速度。横向扩散速度是指单位时间内新技术采用者的数量或者比例；纵向转化速度是指新技术从产生到被实际采用所间隔的时间。横向扩散速度反映了在一个区域中技术向周围渗透和传播的快慢，而纵向转化速度反映某项技术从成果发源地，经过各种阶段，通过一系列传输过程到被实际采用所经历时间的长短。技术纵向转化速度只与不同的技术和研究区域相关，在特定区域内表现为一个常数。而横向扩散速度随着时间的推移发生改变。同一技术在不同地区的扩散速度可能会有很大不同，不同技术在同一地区的扩散速度也可能不同。由于人们普遍关注技术在某一特定区域的扩散情况，技术横向扩散速度往往成为研究的重点。

微观层面的技术扩散速度又称为农户技术采用速度，它可以理解为单个农户采用农业新技术与农业新技术从首次传播至该地区之间的时间间隔。在某些情况下也可以理解为某个农户采用新技术与第一个采用新技术的农户采用新技术的时间之间的间隔。这种时间间隔越短，农户采用技术的速度越快。根据技术采用者创新精神的程度把采用者分为五类：技术创新者、早期应用者、早期大多数采用者、晚期大多数采用者和落后者。不同类型的技术采用者接受技术的时间长短不一，创新者和早期采用者接受技术的时间一般比较短，而后期采用者和落后者接受技术的时间较长。由于单个决策主体采用技术决策所需时间长短跟个体技术采用行为紧密相连，研究者往往把微观层面的技术扩散速度从技术扩散速度中剥离出来，把它归结到农户技术采用行为中去。

第四节 农业资金与投资管理

农业资金有广义和狭义两个层面的含义。广义的农业资金是指国家、个人或社会其他部门投入农业领域的各种货币资金、实物资本和无形资产，以及在农业生产经营过程中形成的各种流动资产、固定资产和其他资产的总和。广义的农业资金实际上就是用于农业生产经营的各种财物和资源的总和，并且总是以一定的货币、财产或其他权利的形式存在。狭义的农业资金是指农业再生产过程中，生产、流通、分配及社会消费等环节中财产物资的货币形态，即社会各投资主体投入农业的各种货币资金。广义的农业资金实际上涉及农业生产管理的全过程，而目前制约农业发展最关键的资金问题是狭义农业资金的投入问题。本文所讨论的农业资金指的是狭义的农业资金概念。

在农业生产经营活动中，农业资金具有保证农业再生产顺利进行，保证农业生产成本垫支，参与农业价值创造等多种职能。因此，农业资金是进行农业生产的重要条件。

一、农业资金的来源

农业资金的来源多样，在农业生产过程中，农业生产单位筹措农业资金的渠道主要有以下几种：

（一）国家投拨资金

国家在农业上投拨的资金主要包括：①国有农业生产单位核拨基本建设资金和流动资

金；②农业科研、教育、气象等部门及所属事业单位核拨经费；③整治河流、兴建水库、水电站、营造防护林、整治沙漠、保护草场等专项投资；④对于一些以生产单位自筹资金为主的生产项目，国家也给予适量的资金补助，如农田水利、水土保持、养殖基地、农科网建设补助等；⑤地方财政和农业主管部门用于农业的各项支出；⑥提高农副产品收购价格、减免农业税费等。

（二）农业自身积累

农业自身的资金积累主要来源于以下方面：

（1）集体积累的主要来源是各基层生产经营单位依合同约定向合作经济组织提交的积累，主要有公积金、职工福利基金、新产品试制基金和国家下拨的农田基本建设资金等。随着国家或集体对农业基本建设投资的逐步增加，生产条件不断改善，尤其是一些开发性项目的完成以及农业产值的逐年增加，使农业的集体积累不断扩大。

（2）农民投资包括用于家庭经营的自筹资金和参加农业合作经济组织的入股资金。现阶段我国农业普遍实行以家庭经营为主的经营形式，特别是随着从事不同生产项目的专业户和各种新经济联合体的日益壮大，农民的投资已成为农业内部自筹资金的主要来源。

（三）借入资金

借入资金是指农业生产经营单位向商业银行、信用社等金融机构所贷入的款项及结算中的债务等，这部分资金只能在一定期限内周转使用，到期必须还本付息。借入资金的主要渠道包括：①从商业银行、信用社贷款。贷款是筹集资金的重要渠道，只要经济合算，有偿还能力，在农业生产中也就可以争取和利用各种贷款。②发行债券。具备条件的农业企业或经营组织，可以通过发行债券的方式，将社会上的闲置资金集中起来，用于农业生产。

（四）商业信用

商业信用是指以预收货款或延期付款方式进行购销活动而形成的借贷关系，是生产单位之间的信用行为。商业信用的主要形式为先提货后付款和先收款后付货。商业信用是生产单位筹集资金的一种方式。随着我国市场经济的发展，商业信用将被更加广泛地运用，在农业生产中也应该积极利用这种形式来筹集所需的农业资金。

（五）利用外资

随着我国的经济开放和资本的国际流动，来自国外的资本成为农业资金的一个新来源。国外农业资金包括：①来自国际经济组织的资金，如联合国、世界银行等；②来自外国政府的援助或农业投资项目；③国外的金融机构、公司或个人进行的农业投资。改革开放以来，我国一直将农业作为鼓励外商投资的重点领域之一，但农业利用外资的数量与其他产业相比依旧偏少，农业利用外资潜力巨大。

二、农业资金的特点

由于农业生产受自然因素的影响较大，因此，与其他物质生产部门相比，在资金占用上也有其自身的特点。

（一）生产过程复杂，资金占用量大

农业生产项目多，所需要的生产资料品种多、作业操作环节多而复杂，再加之大多数农业机械和农机具专用性强、通用性差，各种农业机械设备和农机具的配备量大、利用率低，农业生产周期长、季节性强，因此，在储备资金和生产资金等方面的占用往往数额较大。

（二）生产过程生产周期长，资金周转慢

由于农业生产受气温、光照、水分等多种因素的影响，一个生产过程有的几个月，有的十几个月，有的则达几年。在一种产品的生产过程中，各种作业项目之间又有一定的间隔期，使农业资金的投放和回收有一定的季节性，致使农业资金占用的时间长，回收慢。

（三）农业资金的利用率低

一方面，农业生产周期长，资金周转慢，回收期长，再投资的机会少，导致农业资金的利用率低；另一方面，用在各种农业机械和农机具上的资金，每年只能是在有限的季节和生产环节上使用，从而导致农机具设备闲置时间长，资金的利用效率低。

（四）农业资金投入的风险大

农业生产受自然风险和市场风险的双重约束，无论是遭遇自然灾害还是市场变化的影响，都会给农业生产造成巨大损失。严重时可能会使农业资金投入得不到任何收益，致使农业的投资风险远高于其他产业。

三、农业资金的分类

(一) 按农业资金的所有权分类

1. 自有资金

自有资金是指农业生产单位自身所有,不需要归还别人的资金,主要包括农业生产单位自己积累的资金和农业企业筹集的股本资金,国家无偿拨付的资金也可以视为自有资金。

2. 借入资金

借入资金是指农业生产单位通过各种方式取得的、具有一定的使用期限、到期后必须偿还他人的资金,如向信贷机构借入的贷款、向社会公开发行的债券、通过民间借贷借入的资金等。

(二) 按农业资金服务的对象分类

1. 农业生产资金

农业生产资金主要是指直接用于购买农业生产资料所需的资金和在农业生产过程中消耗的各种资金。具体来说,农业生产资金包括购买农业生产设备等固定资产的资金,购买农药、化肥、种子、仔畜、饲料等消耗性生产资料的资金,生产过程中支付的水电费、机耕费、收割费、防疫费以及其他维护费用所需的资金,和生产过程中支付的人工费用等。农业生产资金是农业资金最重要的组成部分,也是对农业产出影响最大的农业资金。

2. 农业产品销售资金

农业产品销售资金是指在农产品的销售过程中周转使用的流动资金和消耗的销售费用支出。具体来说,包括农产品销售过程中发生的对收获后的农产品进行维护、存储、运输和市场交易等所需的农业资金。农产品的销售资金是农产品市场价值实现的重要保证。

3. 农业基础设施资金

农业基础设施资金是用于修建农业水利设施、农田改造、农村道路、电力通信线路及其他农业生产所需基础设施的资金。农业基础设施资金是农业基础设施建设、维护、更新的基本保障,也是农业生产、销售和其他农业经营活动的基础。

4. 农业科研及推广资金

农业科研及推广资金是用于农业科学技术的研究、农业技术的试验、农业技术的示范推广以及提供农业技术服务等所需的资金。农业的发展离不开农业科技进步，而农业科研推广资金就是保证农业科学研究、技术进步、技术推广应用的基础。

5. 农业公共服务资金

农业公共服务资金是指用于农业公共信息、农业气象、农业教育、农业管理等公共服务项目的资金。农村公共服务经济上的外部性，往往会导致其在市场经济中的私人供给不足或无效率。通过政府、集体或个人集资等方式提供的农业公共服务资金是保证农业公共服务有效提供的基础前提。

（三）按农业资金投入农业生产领域的性质分类

1. 用于农业私人产品的农业资金

用于农业私人产品的农业资金是指农业投资主体投入具有排他性和竞争性的农产品生产的资金。由于私人产品投资的竞争性和排他性，在市场经济中完全可以由经营者个人来提供，并由经营者按照市场情况和自身条件进行最优配置。

2. 用于农业公共产品的农业资金

用于农业公共产品的农业资金是指农业投资主体投入的具有非排他性、非竞争性的农业基础设施、农业公共服务等领域的农业资金。由于公共产品的特点会造成私人资金投入的低效率或无效率，因此，一般用于农业公共产品的资金投入应当由政府提供。

四、农业投资的资金管理与效率提升

农业投资在农业生产及经营活动中发挥着重要作用，是农业生产实现产业化和现代化发展的重要保障和推动力，因此必须加强对农业投资的管理，重点是做好对农业投资的资金管理，并提高农业投资的效率。

（一）农业投资的资金管理

农业投资过程中，农业资金投放于不同的农业生产环节，进入农业生产的方式不同，其运行和转移的方式也各不相同。要发挥其功能效用，就需要加强对农业资金使用和周转的管理。

1. 业流动资金的管理

（1）流动资金的组成。流动资金是指垫支在生产过程和流通过程中使用的周转金，它不断地从一种形态转化为另一种形态，其价值一次性转移到产品成本中去。农业流动资金是在农业生产过程中的周转金，它一般由以下五部分组成：

第一，储备资金，指各种农业生产中所需的储备物资所占用的资金，包括种子、饲料、农药、化肥、燃料及修理用材料等。

第二，生产资金，指在农业生产过程中占用的资金，如各种在产品、半成品等所占用的资金。

第三，成品资金，指可以对外出售的各种农业产成品所占用的资金。

第四，货币资金，指农业生产经营主体的银行存款、库存现金及其他货币资金。

第五，结算资金，指农业生产经营主体在供应、销售和内部结算过程中发生的各种应收、预付款项等。

（2）农业流动资金的循环周转。农业生产的过程是一个周而复始、连续不断进行的过程，因此农业生产中的流动资金的循环和周转也是一个不间断的过程。农业流动资金一般从货币形态开始，依次经过农业生产中的采购、生产、销售三个阶段，表现为原材料、在产品、产成品三种不同的存在形态，最后又回到货币形态。

（3）提高农业流动资金利用效率的途径。

第一，加强农业生产中物资供应储备环节的管理，主要是加强生产资料采购的计划性，防止盲目采购，同时制定合理的物资储备定额，及时处理积压物资，将储备物资的流动资金占用量控制在最低限度。

第二，加强农业生产环节的流动资金管理，主要是确定合理的农业生产结构，改进农业生产组织方式，努力降低农业生产的成本，增加收益。同时尽可能地缩短农业生产周期，因地制宜地把不同生产周期的农业生产项目结合起来，开展农业多种经营，以便均衡地使用农业生产资金。

第三，加强农产品流通环节及其他环节的管理，主要是及时组织农产品销售，抓紧结算资金的回收。同时要加强农业贷款安排的计划性，合理确定信贷资金的规模和期限结构，减少成品资金和结算资金的占用量。

2. 农业固定资金的管理

（1）农业固定资金的特点。农业固定资金是指投放于农业生产资料方面的资金，主要是农业生产经营活动所需的建筑物、机械设备、运输工具、产畜、役畜、多年生果树、林木等实物形态的固定资产占用的资金。农业固定资金的特点是由农业固定资产的特点所决定的，农业固定资产可以多次参加农业生产经营过程而不改变其形态，其价值随着在使用过程中的磨损逐步转移到农产品成本中去，并通过折旧的方式从农产品的销售收入中得到补偿。所以，农业固定资金的周转速度较慢，需要经历固定资产整个使用时期才能周转一次。

(2) 农业固定资产的计量。农业固定资产的计量是指采用货币形式将农业固定资产登记入账并列报于会计报表。正确地进行农业固定资产计量能够保证农业固定资产核算的统一性，为计算农业固定资产的折旧提供依据。

(3) 农业固定资产的折旧。农业固定资产折旧是指农业固定资产在使用过程中发生磨损，并转移到农产品成本费用中去的那一部分的价值。农业固定资产磨损包括有形磨损和无形磨损两种情况，其中有形磨损是指由于物质磨损、侵蚀等而引起的农业固定资产的价值减少；无形磨损是指由于科学技术进步而导致的农业固定资产的价值减少。

(4) 提高农业固定资金使用效率的途径。

第一，合理购置农业固定资产。在农业资金投入有限的情况下，尽量选用通用的农业固定资产，以减少对农业固定资金的占用量。

第二，科学计提农业固定资产折旧。一方面要选择恰当的折旧方式，使该收回的农业固定资金早日收回；另一方面，确定好计提折旧的农业固定资产的范围，该计提折旧的都要计提折旧，不该提折旧的农业固定资产不再计提折旧。

第三，加强农业固定资产管理。定期进行清查盘点，及时处理不需要使用的农业固定资产，使未使用的农业固定资产及早投入使用，使不需要使用的农业固定资产及时得到处理。同时建立和健全农业固定资产的保管、维修、使用和改造制度，使各种农业固定资产经常处于技术完好状态，延长使用寿命，提高农业固定资产的生产能力和使用效率。

(二) 农业投资的效率提升

加强对农业资金的管理，其中最重要的环节是要提高农业投资的效率，要以加快农业生产发展为目标，从体制、市场、民生、文化、管理等多个方面入手，促进农业投资增效，使各类农业投资用到实处、发挥最大作用。当前，要提高我国农业投资的效率，应该做好以下四个方面工作：

1. 提升各级政府对农业投资的投资效率

(1) 加强各级政府对农业投资的导向性作用和示范性作用，通过更有效的农业补贴，吸引更多的投资进入农业生产领域，增加农业资本投入。

(2) 加快建立符合我国国情的政府投资监督体系，提高政府资金的运行效率，简化政府投资的多头管理体制，尤其是防止对农业资金的占用。

(3) 加强政府对农业投资项目的科学论证，把长期利益和短期利益结合起来，建立合理的投资决策机制和评估机制。

(4) 加快建立健全专门针对财政农业投资的法律法规，以利于财政农业投资的依法实施和组织,以及农业财政投资的监督保障职能的发挥。

2. 提升农村集体经济组织的农业投资效率

农村集体经济组织对农业的投资,应该集中在为当地农业发展提供基础设施和生产服务,以及提供农业公共品等方面。同时,进一步理清农村集体经济的产权问题,明确农村集体经济组织在农业投资中的边界,发挥好农村集体经济组织投资对政府农业投资和农户投资的补充作用。

3. 促进农户投资增效

农户是最直接的农业生产经营者,也应该是农业投资的最大受益者。为了鼓励农户加大对农业生产的投资,除了政府要加大农业保护和补贴以增加农户投资收益之外,还应该着眼于市场,增强农产品的专业化生产,提升其市场竞争力,提高农户投资收益。同时,鼓励农户进行规模化经营,引进先进的农产品深加工技术,提高农产品的附加值,提升农户投资的效益。

4. 提高企业的农业投资效率

一方面,充分利用各种优惠措施和政策,引导和鼓励内外资企业加大对农业投资,加快农业先进技术成果通过企业向农业生产转化,从而提升农产品的科技含量和竞争力,增加农产品生产和销售的利润空间;另一方面,进一步完善农产品市场,为农产品的生产、加工和流通领域的产业化发展建立市场基础,促进农产品的商品化生产,提高企业对农业投资的效率。

总之,农业是我国国民经济继续健康发展的基础,而农业资金投入是农业稳定发展的前提和保障。因此,提高农业投资效益,增加农业资金投入,是我国农业现代化和产业化发展的必由之路。合理利用农业资金,提升农业投资效益,探索符合我国国情的农业高效发展模式,对于我国国民经济发展和社会主义新农村建设都具有十分重要的意义。

第五章 农业经营方式与经营决策

第一节 农业经营方式概述

农业经营方式是指在一定的经济形式下，微观农业经济主体为组织农业生产经营活动而采取的农业生产要素组合、经济运行和经营管理的具体形式。农业经营方式是与一定农业技术发展水平、经营管理水平相适应的农业生产经营的具体组织形式。它涉及的问题包括：劳动的组织方式，劳动者与生产资料结合的方式，农业生产要素的协调方式，以及农业生产经营过程中的经济权力、经济责任和经济利益三者之间的结合状况等。经济形式是经营方式的基础，一定的经济形式必然有一定的农业经营方式与其相适应，以保证特定经营目标的实现。但农业经济形式对农业经营方式的要求并不是固定不变的，农业生产力的发展水平不同，农业经营方式也会有所不同。现阶段，我国农业中存在多种经济形式，自然就存在多种经营方式。"创新传统的农业经营方式是培育农业农村发展新动能、推动传统农业向现代农业转型发展的重要途径。"[①]

一、农业经营方式确立的依据

（一）农业生产力发展水平

从人类历史发展的进程看，农业生产力不同的发展阶段及其性质，对于农业经营方式的确立有着直接的作用，农业经营方式必须与农业生产力的发展水平相适应。现阶段我国农业生产力的发展不仅总体水平低而且各地不平衡，因此，客观上决定了多种农业经营方式并存。

（二）农业生产的多种经营方式

农业生产是自然再生产和经济再生产交织在一起进行的，以活的生物有机体为生产对

---

① 王媛媛：《河南农业经营方式创新形式研究》，载《企业科技与发展》2020年6期，第21页。

象的特殊生产部门。农业生产对象都有自身的生长发育规律，都需要有一定的外界环境条件，而人们的生产劳动过程，又是在动植物循环往复、周而复始的滋生繁衍过程中进行的。科学技术还不能完全按人的意志支配生产环境条件之前，在影响生物生长发育的不确定因素又很多的情况下，要求劳动者在生产劳动以及经营管理上具有高度的责任感和随机灵活性。同时由于农业生产最终成果的大小除受自然环境因素的影响外，与农业劳动者在其每一个生长发育阶段是否精心管理和照料关系极大，单一的、较大规模的农业经营方式加大了农业经营决策者与直接劳动者之间的直线管理距离，失去解决农业中不确定性决策问题的时效性，必然导致农业劳动生产率和土地生产率的降低。因此，客观上需要农业生产采用多种经营方式。

（三）农业生产资料产权的组合方式

在农业生产中，农民采用什么样的经营方式，不仅取决于农业生产的特点、社会生产力的发展状况，而且还取决于农业生产资料所有权和使用权的组合方式。人民公社化时期的集体统一经营是建立在农村土地所有权和使用权高度统一前提下的，而农村家庭承包经营则是建立在农村地域性合作经济组织内部的土地所有权和使用权相分离的条件下的。所以，一定的经济形式决定着与此相适应的经营方式。

二、农业经营方式的基本类型

（一）承包经营

承包经营是在坚持生产资料所有制不变的基础上，按照所有权和经营权相分离的原则，通过签订合同，明确双方的责权利关系，发包方把自己所占有的一部分的资产经营权按约定的条件转让给承包方，承包方对所承包经营的资产安全负责，进行自主经营、自负盈亏的经营方式。实行承包经营责任制，必须由承包方同发包方根据平等、自愿、协商的原则签订承包合同。在签订承包合同时明确规定承包形式、承包期限、各项承包指标、利润分配形式、债权债务的处理、合同双方的权利和义务、违约责任等。实行承包经营，将所有权和经营权分离开来，有利于强化竞争机制、风险机制和自我约束机制，调动生产经营者的积极性、挖掘潜力，提高经济效益。

（二）统分结合的双层经营

所谓双层经营体制，是指我国农村实行联产承包制以后形成的家庭分散经营和集体统一经营相结合的经营形式。农村双层经营体制将农村经济组织分为两个层次：①集体经济组织的统一经营；②家庭分散经营。两层之间通过承包的方式联系起来。按照这一经营形式，集体经济组织在实行联产承包、生产经营，建立家庭承包经营这个层次的同时，还对一些不适合农户承包经营或农户不愿承包经营的生产项目和经济活动，诸如某些大型农机具的管理使用，大规模的农田基本建设活动，植保、防疫、制种、配种以及各种产前、产后的农业社会化服务，某些农副业生产等，由集体统一经营和统一管理，从而建立起一个统一经营层次。由于这种经营体制具有两个不同的经营层次，所以称之为双层经营体制。

（三）租赁经营

租赁经营是指在坚持生产资料所有制不变的前提下，按照所有权和经营权分离的原则，出租方将企业资产租赁给承租方经营，承租方向出租方交付租金并对企业实行自主经营的一种经营方式。租赁经营是所有权和经营权分离的又一种经营方式，内容不仅是企业中的固定资产，而且包括企业生产资料的占有、使用和收益权以及对职工的管理指挥权。承租者作为企业的经营者，享有对企业的经营管理权，并对企业的经营管理承担全部责任。承租者不仅要向出租者交纳租金，而且要承担上缴税收的义务。租赁经营使出租方与承租方的关系更加明确，权利与义务更加清楚，有利于实现生产要素的优化组合，能充分调动承租方的生产积极性。

（四）股份制经营

股份制经营是以资产入股的方式把分散的、分别属于多个所有者或占有者的经营要素集中起来，实行统一经营、统一管理，并对经营成果以货币形式按入股比例分红的一种经营方式。股份制经营两权分离程度高，能促进企业经营机制的全面完善，有利于发展横向经济联合，获得规模经济效益。

（五）集团化经营

集团化经营是在社会化大生产和商品经济发展到一定水平时，为实现多角化和国际化发展而形成的一种跨地域、跨所有制的大规模联合经营或经济联合。集团化经营的典型组织形式是企业集团。企业集团一般是以实力雄厚的企业为核心，以资产或契约为纽带，把众多企业联结在一起的法人联合体。

（六）国际化经营

国际化经营亦称跨国经营，是指农业企业为参与国际分工和交换而进行的经营活动。国际化经营是我国农村发展外向型经济的重要方式，也是我国农业企业参与国际市场竞争、克服国内需求约束的重要途径。近年来，我国发达地区的一些乡镇企业和农民开始走出国门，向海外投资搞资源开发，创办种植、养殖企业，取得了良好的经济效益。随着改革开放的深入和农村商品经济的发展，将会有更多的农民和乡镇企业加入农业国际化经营的行列。

第二节 农业生产经营决策的意义与原则

一、农业生产经营决策的意义

决策理论是第二次世界大战后，在西方经济发达国家首先产生和逐渐发展起来的。所谓决策，是指根据预定目标做出抉择行动，它是一种行为选择。农业生产经营决策是指农业企业通过对其外部环境和内部条件进行综合分析，确定企业经营目标，选择最优方案并组织实施的过程。在现代企业经营管理中，经营决策是经营管理的首要职能和核心内容，是提高企业管理水平和经济效益的关键。

一般来说一个完整的农业生产经营决策必须具备的因素包括：①决策者意欲达到的目标；②两个以上的互斥的备选方案（多个方案供选择，取最优方案）；③资源约束条件。

农业生产经营决策的意义如下：

（一）农业生产经营决策是农业经营管理的核心

决策贯穿于企业经营管理过程的始终和管理工作的各个方面。从管理的四大职能方面来看，农业生产经营决策贯穿于计划、组织、领导、控制四个管理职能过程之中；从企业经营的业务活动方面看，农业生产经营决策则贯穿于采购活动、生产活动、营销活动、财务管理、人力资源管理等管理过程的始终。农业企业的管理活动总是涉及资源分配和利用的问题，也就有决策问题。没有正确的决策就没有择优的过程，也就不能做好农业企业的各项管理工作，不能科学地组织生产经营活动，势必会影响目标的实现。

（二）农业生产经营决策是农业经济管理活动成功的前提

决策是管理的重要内容，管理能否达到预期目标，关键是看各级管理人员决策是否正确。决策涉及农业企业管理的方方面面，比如发展方向、经营方针、资源配置，以及较为微观的生产活动、营销活动、财务活动等。农业企业在一定生产条件下，如何配置稀缺资源，采用什么样的生产方式，产品卖到哪里，价格如何制定，技术研发方向，投资方向等都需要科学的决策。决策正确，企业经营管理水平就高，带来的绩效和价值就大；决策错误，就会造成经营失误，带来损失。因此，农业生产经营决策是农业经济管理活动成功的前提。

（三）经营决策是管理人员的主要职责

农业生产环节多，管理工作千头万绪，各级管理人员的决策工作内容不尽相同。高层管理人员主要解决的是全局性的以及与外部环境有关的重大问题，大部分属于战略决策；中层管理人员涉及的多是安排企业一定时期的生产经营任务，或者为了解决一些重要问题而采取的措施；基层管理人员主要解决作业中的问题，属于业务决策，如设备使用、任务安排等。

（四）正确的决策有助于把握机会、规避风险

农业决策不仅面临自然环境带来的风险，还面临着市场风险。农业生产的商品化程度越高，农业经营者面临的市场风险就越大，决策的难度就越大。决策人员应通过科学决策，识别市场机会和威胁，认识自身的优势和劣势，合理地扬长避短，规避风险，避免盲目上项目、盲目搞生产给企业带来的损失。

二、农业生产经营决策的原则

科学的农业生产经营决策是指在科学的理论指导下，结合农村经营实际，通过科学的方法所做的符合客观规律的决策。其基本原则如下：

（一）预测原则

决策的正确与否，取决于对未来的后果所做的判断的正确程度。农业生产经营的结果具有滞后性，许多决策、改革和行动纲领的未来影响，在短期内不能看清楚，一旦发现问题加以修正，为时已晚，造成农业生产损失。因此，应用未来学理论与方法，进行科学预测，为决策提供科学的依据，这是农业生产经营决策科学化的一个重要原则。

（二）可行性原则

决策必须可行，这是科学决策的又一个重要原则。要保证决策的可行性，就必须使决策符合农业生产经营客观规律的要求。可行性原则要求在决策中，不能只强调需要，而不考虑可能；也不能只片面地考虑有利因素和成功的机会，或片面地考虑不利的因素和失败的风险，必须两者兼顾。同时，还必须考虑各种未来的可能性对农业生产经营决策造成的

影响，要克服盲目性、片面性和局限性，使决策建立在可靠、可行的基础上。

（三）系统原则

应用系统工程的理论与方法进行农业生产经营决策，是现代科学决策的特点。系统原则要求在农业生产经营决策中做到有整体思想、统筹兼顾、全面安排，以整体目标的最优化为准绳。每一个农业生产部门和单个农业项目的发展都要以服从整体农业生产目标为原则，强调系统中各部分、各层系、各项目之间的相互关系、先后关系、主次关系，达到系统完整、配套齐全，构成最大的综合能力，建立反馈系统，实现动态平衡。

（四）对比择优原则

对比择优是从比较到决断的过程，是农业生产经营决策的关键步骤。它要求经过系统的分析和综合，提出不同的方案、途径和办法，然后用择优决策方法，从不同的方案中选定最佳的方案，做出最后的决策。对比不仅要把各种不同的农业生产经营方案进行比较，更重要的是把各种方案同农业生产客观实际再做一次认真的比较，因事、因时、因地制宜，做出全面而科学的评价。要比较各种农业生产经营方案带来的影响和后果，考虑各种方案所需要的人力、物力、财力等各种必要条件，选择最优方案。择优决策过程，不但要运用现代的数学方法，还要运用社会学的方法，相互结合，权衡决策可能带来的各方面的社会后果。

（五）反馈原则

反馈原则是指用实践来检验农业生产经营决策所产生的行动后果，以便反馈之后加以调整，其目的是保持农业生产经营决策的科学性。环境和需要会经常变化，要求原先的决策要根据变化了的情况和实践反馈，做出相应的改变或调整，使决策更加合理和科学。

（六）集体决策原则

随着社会的发展和农业科学技术的进步，农业生产经营决策变得越来越复杂，个人或少数人已不能完全胜任。所以，实行集体决策或者智囊团决策，是决策科学化的重要组织保证。所谓集体决策，并不是简单的集体讨论，靠少数服从多数做出决定，而是依靠和利用智囊团来为决策者当助手、参谋、顾问，为农业生产经营决策服务。一般来说，根据农业生产经营决策任务的不同要求，把有关的农业科学家、工程技术人员和管理工作者（智囊团）组织起来，进行系统的调查研究，弄清农业生产历史和现状，积累数据，掌握资料，分析研究，通过平行协议、方案论证、科学预测、方向探索、综合研究、对比择优等环节，提出切实可行的农业生产经营方案，供决策者参考。这样的方案是集体智慧的结晶，有定量依据，有权衡比较，避免了片面性。

第三节 农业生产经营决策的程序与类型

一、农业生产经营决策的程序

（一）发现问题

农业生产经营决策的第一步就是发现问题。所谓问题，就是应有现象和实际现象之间出现的差距。问题可能是农业生产发展的某种障碍，也可能是发展前途的有利时机。所有决策工作的步骤，都是从发现问题开始的，农业生产经营者，应该善于发现问题，找出差距，并能确定问题的性质。对农业生产经营问题产生的背景、原因和条件，都要认真地分析，力求做到准确。

（二）确定决策目标

确定农业生产经营目标是决策的前提。所谓农业生产经营目标是指在一定的农业生产经营环境条件下，在预测的基础上所希望达到的农业生产经营结果。决策目标应根据所要解决的农业生产经营问题来确定，因此必须把需要解决的问题的性质及其产生的原因分析清楚，才能确定农业生产经营目标。

决策目标所要解决的问题，就是差距。要解决农产品质量低的问题，就要知道农产品质量现状和产品质量标准之间的差距。找到差距之后，不能立即确定决策目标。因为这样的目标还很抽象，没有找到问题的根源。导致农产品质量低的原因有很多，如生产技术水平低、原料质量差、设备陈旧、管理不善等。必须找到导致农产品质量低的最根本原因，才能对症下药，制定出具体的决策目标。

（三）拟订可行方案

在农业生产经营目标确定之后，就要探索和拟订各种可能的农业生产经营方案。一般的做法是，拟订一定数量和质量的可行方案，供择优选择，才能得到最佳的决策。如果只拟订一个方案，没有比较和选择的余地，就无从判别方案的优劣。因此，拟订多种方案是农业生产经营决策的基础。多种方案拟订的要求是：一方面是详尽性，这就要求拟订全部备选方案，应当把所有的可行方案都囊括进来，如果拟订的全部方案中，漏掉了某些可行方案，那么最后选择的方案有可能不是最优的；另一方面是排斥性，这就要求在各种备选方案之间必须有原则性的区别，彼此互相排斥。

（四）方案选优

在拟订农业生产经营方案工作完成以后，就要对这些方案进行比较评价，从各种可供选择的方案中，权衡利弊，选择其一。这是领导者的决策行动，是一项极其复杂的工作，它要求决策者具有较高的判断能力。

第一，正确处理农业技术专家与领导者的关系。现代决策必须有专家参与各项决策工作，但他们是在领导者的委托和指导下参与决策，决不能代替领导决策。领导者永远是决策的主人，一个好的决策者，既要依靠专家，又不能为专家所左右，不能成为一个毫无主见的人。

第二，当各种备选方案提出后，领导者要从战略的、系统的观点出发，既要考虑经营者的直接利益，又要考虑社会和消费者的利益；既要从大处着眼，又要从小处着手；并且要运用科学的方法，做好方案的选择工作。

（五）典型试验

农业生产经营方案选定后，必须进行典型试验，以验证方案的可靠性。典型试验也称为试点，必须坚持求真、务实，科学地展开实践，这样才能产生实际的效果。试点必须在全局中具有典型性，并严格按照所决策的方案实施。这样，如果试点成功，即可转入全面实施。否则，还必须反馈回去，进行农业生产经营决策修正。

（六）普遍实施

通过典型试验，如果确实可靠，即进入农业生产经营决策实施阶段。就是把农业生产经营决策目标落实到每一个执行单位，明确各自的责任，并及时掌握执行过程中的具体情况。

（七）追踪控制

农业生产经营决策在执行过程中可能会发生这样那样的与目标偏离的情况，因此，必须注意跟踪检查。如果偏离了原定的目标，就应及时反馈并进行控制，不断修正方案，以便实现原定的农业生产经营目标。如果有的农业生产经营方案几经修订，仍达不到预期的结果，就要对决策本身进行分析，发现问题，及时改正，重新进行追踪决策。追踪决策是指原有决策因主、客观情况发生重大变化所引起的决策，是农业生产经营科学决策过程中的正常现象。

二、农业生产经营决策的类型

（一）不确定型决策方法

不确定型决策是指决策者无法确定决策事件未来各种自然状态出现的概率，完全凭个人的经验、感觉和估计做出的决策。目前，这种决策已经有一些决策准则，供不同类型和风格的决策者选用。

（二）风险型决策方法

风险型决策是指决策事件未来各种自然状态的发生是随机的，决策者可根据相似事件的历史统计资料或实验测试等估计出各种自然状态出现的概率，并依其大小计算分析后做出的决策。风险型决策可采用收益表、决策树等方法。

1. 收益表法

决策收益表又称决策损益矩阵。该表包括可行方案、自然状态及其概率和每个方案的损益值等数据。一般来说，可以通过访问专家、调查用户、与同类产品的销路进行对比等获得一定资料，这些资料的主观概率与通常的客观概率有所不同。客观概率的取得往往要做多次试验，花费大量经费。在经济决策中，决策者往往根据他对非确定性事件的现有认识，根据某种可以接受的数据和理由对该事件可能发生的概率进行估计。这一估计可以随着人们对事物认识程度的深化而更加接近于客观情况，因此在决策活动中广泛应用主观概率。

2. 决策树法

决策树是一种直观地表述决策过程的工具，它表示的是决策过程中发生的自然或逻辑的进展过程。利用决策树表述风险决策的优点是表达清晰，易于处理较复杂的多步决策问题。

用决策树方法进行决策的一般步骤：①建树。根据决策问题绘出决策树图。②计算。根据损益值和概率，计算相应的损益期望值。③决策。选择损益期望值最大（或最小）的方案。剪去未被选上的方案分枝。

（三）确定型决策方法

确定型决策也称确定情况下的决策，是指决策者面临的自然状态是确定的，决策者对自然状态的了解既充分又完全。下面简单介绍盈亏平衡点分析和贡献毛益法。

1. 盈亏平衡点分析法

盈亏平衡点也称保本点，在这一点上，销售收入总额与成本总额正好相等，经营处于不盈不亏的状态。盈亏平衡点分析法是通过计算盈亏平衡点，掌握农业生产经营活动的盈亏临界，确定农业企业的最佳采购、生产、销售及设备的更新等方案，使企业获得最大经济效益。同时，还可以利用盈亏平衡点公式，对有关因素进行控制，以利于企业进行合理的决策。

2. 贡献毛益分析法

贡献毛益是指销售收入变动成本减去变动成本之后的差额。它通常有两种表现形式：①单位贡献毛益，即产品的销售单价减去该产品的单位变动成本；②贡献毛益总额，即产品的销售收入总额减该种产品的变动成本总额。

贡献毛益有别于利润，其量也大于利润，销售收入减去变动成本，它必须首先用来补偿固定成本，如有剩余才能形成利润，如不够补偿，则会形成亏损；贡献毛益又与利润密不可分，其量应为利润与固定成本之和，其质也能反映出产品的盈利状况，反映出产品为企业提供盈利能力的大小。因而，也是农业生产经营决策活动的一项重要指标或重要信息。

贡献毛益分析法，一般应用在成本相对不变的情况下，故只须对产品所创造的贡献毛益进行分析，就可以确定哪个备选方案最优。必须指出，尽管单位贡献毛益是反映产品盈利能力的重要指标，却不能以此作为选优的标准，而应以产品的贡献毛益总额的大小作为选优的主要依据。

第六章 农业保护与农业现代化发展

第一节 农业保护政策的理论依据与改革方向

一、农业保护政策的理论依据

在市场经济条件下,所谓农业保护政策是指在国民经济运行过程中,政府为确保农业发挥基础作用,使农业的发展与国民经济其他产业的发展相适应,以便实现整个国民经济持续、协调、快速发展而采取的一系列保护与支持农业的政策措施的总和。农业保护政策主要由两方面的政策组成:①为保护本国农业免受国际市场的冲击而采取的一系列贸易保护措施;②为促进农业与其他产业协调发展而采取的一系列直接和间接支持农业的措施。由于农业保护是一种历史现象,它的出现及覆盖范围和保护力度都与一个国家的经济发展阶段和所处的国际环境有关,因此在讨论分析农业保护问题时必须在时间和空间上给出明确的界定。

农业保护政策的制定与实施必须建立在一定的社会经济理论的基础之上,否则农业保护政策很容易偏离社会经济的发展方向,不仅难以达到原定的政策目标,而且还容易造成更大的效率损失,甚至出现更为棘手的社会经济问题。社会经济在发展,因而农业保护政策的理论依据也在发展与变化,没有一成不变的放之四海而皆准的农业保护政策理论。对于已出现的农业保护政策能否给出科学合理的理论解释,也成为农业保护政策能否向科学化发展的一个重要方面。

(一) 从市场失灵的角度阐述实施农业保护政策的必要性

在市场经济条件下政府对农业实施保护政策的理论依据主要在于,农业本身所具有的特征导致市场在某些方面失灵,依靠市场机制不能有效地解决这些问题,需要政府在市场配置资源的基础上,采取一定的政策手段加以宏观调控。

1. 农业的外部性

所谓外部性,是指某种经济活动能使他人得到附带的利益或使他人受到损害,而受益人或受害人无须付出相应的报酬或无法得到赔偿的现象。农业的外部性有正有负，涉及许多方面。从农业对生态环境的外部性来看，正的外部性包括形成的农业景观、生物多样性保持、二氧化碳吸收、控制洪水等；负的外部性包括水土流失、水资源耗竭、地表水和地下水污染、野生动植物栖息地丧失、农业化学品污染等。

从农业的经济外部性来看，包括经济缓冲作用、国土空间上平衡发展、确保农村活力等；从农业的社会外部性来看，包括社会的稳定作用、确保农业劳动力就业、社会福利替代等。在没有特定政策干预和特殊制度安排的情况下，经济活动主体既没有获得来自正外部性的经济补偿，也没有负担所应承担的相关费用，即市场及价格机制没有反映或没有全面反映这一经济活动的全部成本或收益。从整个社会来看，资源配置无法达到最佳状态，从而引起社会福利的下降。

农业外部性的出现取决于多种因素，特别是农业的生态环境外部性取决于农业生产活动的类型、使用的农业技术、作物品种、集约化水平、农业资源状况以及产权制度等多种因素。农业对于经济缓冲、扶贫、农业劳动力就业以及社会福利替代所具有的外部性，在很大程度上取决于经济发展水平。一般而言，发展中国家经济发展水平较低，农业人口比重较大，农村社会保障体系缺乏，农村贫困问题较严重，农业对于经济缓冲、扶贫、农业劳动力就业以及社会保障替代具有较大的正外部效应。

2. 农业的公共产品性

所谓公共产品，是指具有非排他性和非竞争性的产品。所谓非排他性，是指即使某一经济主体没有支付相应的费用，也无法将他排除在对这一产品的消费之外；所谓非竞争性，是指它所具有的不会因某一主体的消费而减少其他主体对这一产品的消费量。同时具有非排他性和非竞争性的产品被称为纯公共产品，而只具备这两个特性中的一个的产品则被称为准公共产品。

农业多功能性所提供的许多非商品产出具有不同程度的非排他性和非竞争性，即具有公共产品或准公共产品的部分特性。因为农业非商品产出不同于商品产出，对其很难进行产权界定，它作为农业的溢出效应对生产者以外的其他人发生影响或使其受益，难以排除特定的人不支付报酬就不让他消费，因而在其作用范围内具有非排他性；由于其影响或受益范围因非商品产出的不同而不同，因而农业非商品产出在不同的范围内具有不同程度的非排他性。

农业非商品产出的特点也决定了其具有不同程度的非竞争性，如粮食安全所带来的社会稳定，良好环境所带来的生活高质量，生物多样性所带来的选择价值和存在价值等。在一定程度上，一个人对这些非商品产出的消费不会影响其他人对它们的消费，即具有不同程度的非竞争性，因而社会不应该排除任何人消费该商品的权利。农业非商品产出的公共产品性，提出了政府实施农业保护政策的必要性。

3. 农业的弱质性

在与其他产业的竞争中，农业处于相对不利的地位。随着经济的发展，城市和非农产业的用地不断增加，地价不断上涨，土地用于非农产业的报酬远远高于农业，使农地的流失不断增加；由于农业的比较利益低下，农业中的资金和较高素质的劳动力流向非农产业，造成农业的资金短缺和高素质劳动力的缺乏，农业发展后劲不足；相对于新兴的非农产业来说，农业科研周期较长，技术进步相对缓慢，农业剩余劳动力的转移又相对滞后于非农产业产值份额的提高，使得农业劳动生产率比较低；农产品的需求弹性较小，农产品不耐储运等特点，使得农业的贸易条件不断恶化，农民收入增长乏力，农民与非农业就业者的收入差距拉大。这说明农业具有天生的弱质性，要解决这些问题必须依靠政府对农业的保护。

4. 农业的不稳定性

（1）由于农业的自然再生产与经济再生产交织在一起，使得农业受自然条件影响很大，而自然条件是变化无常的，因此农业生产也相对不稳定；农业生产本身具有周期性，并且生产周期长，生产不易调整，也会导致农业的波动。

（2）由于宏观经济环境的变化或不景气，对农业造成冲击。如加入世贸组织以后，农产品贸易趋于自由化，国内农业受到国际市场的冲击而出现较大的波动。经济不景气时，劳动力市场受到冲击，农业剩余劳动力转移困难，农民收入减少；而在经济景气时，又出现大量劳动力涌向非农产业，由于比较利益的驱使可能会出现耕地的撂荒。

（3）由于土地等自然条件的限制和动植物本身生物学特性的制约，使得农产品的短期供给弹性比较小，但由于人们对农产品的需求刚性，价格对供给量的反应非常敏感；同时农产品的需求弹性更小，难以实现农产品的市场供需均衡。当某些因素导致价格和产量一定程度的波动时，会产生蛛网效应。

（4）农产品价格与供给间的互动关系还受动植物生理机能的影响，由于农业的生产周期较长，许多农民对价格的反应又具有滞后性，市场的自行调节难以使农产品的供给及时追随市场价格的变化，会造成农产品短缺和过剩效应的放大，使农业生产产生更大的波动。

（5）农产品大多具有易腐性，不耐久藏，且贮藏费用高，所以收获后应立即出售，即使市场价格低廉也必须出清；反之，产品稀少时，虽然市价高，但在本期内无多余库存供应市场，无法满足市场需求。因此，农产品一经产出，其供给即已确定。农业的不稳定性要求政府要建立农业保护政策。

(二) 从农业的基础地位出发来论证实施农业保护政策的必然性

在经济增长即工业化的过程中,随着资本积累的加速,一般来说,工业生产中的资本密集程度要高于农业生产中的资本密集程度,这对早期工业化的国家来说是如此,对依靠引进工业技术而实现工业化的新兴工业国家来说更是如此。

随着农业生产中资本增长和技术水平的提高,工业产品的生产成本不断下降,而农产品的生产成本则相对上升。这样,贸易中用相对成本来衡量的农产品的比较优势就随着工业劳动生产率的提高而逐渐丧失,并且工业增长越快,农业的比较优势也就丧失得越快。在这种情况下,不论是在国际市场上还是在国内市场上,如果仍坚持自由贸易的话,农民势必竞争不过其他生产成本较低的国家,也竞争不过本国其他行业的生产经营者,农民的收入即使不下降也跟不上其他行业的收入增长速度。这是农业开始需要保护的基本原因。

在经济发展过程中丧失比较优势的行业较多,并不只是农业。根据贸易理论,当一个行业不再具有比较优势时,就应该顺其自然,让其减少生产而增加进口,将其资源转移到其他行业中去。一个失去比较优势行业的衰落是有利于资源的有效配置和利用的。但在农业失去比较优势后,大多数政府采取各种保护和支持措施而不让其衰落,其根本原因是土地的不可转移性。即土地不像资本和劳动力等要素那样,可以比较便捷地在行业间自由地流动,绝大多数土地除了进行农业生产外基本别无他用,并且各国政府为了社会经济的可持续发展都对农业用地的非农化采取严格的控制措施。而当农民的收入全部或主要来自农业时,对农业的保护就不仅关系到整个国民经济的发展问题,而且还关系到农民的生存问题。因此,作为政府,不管是从农业的基础地位考虑还是从对农民生存问题的关心考虑,都不得不对农业采取一定的保护措施。这是大多数发达国家和新兴工业化国家对农业采取保护和支持政策措施的根本原因。

(三) 从政治经济学的角度来阐述实施农业保护政策的可能性

用政治市场来解释为什么发展中国家倾向于向农业征税而工业化国家倾向于支持农业。首先考虑贫困国家,对农业支持的需求很弱:这个部门有很多的生产者,这些生产者受教育程度低且交际不广泛,农民将收入的很大一部分花在食品上,当食品价格上涨时,他们的所得和所失几乎相抵。生活在城市里的少数精英们保护工业和廉价食品的需求几乎可以抵消农业中可能产生的任何需求。从政府的角度来看,农业保护政策是十分昂贵的,政府的其他税源较少,国家最主要的经济目标是工业化。农业保护政策从本质上来看是让生活在城市的少数人来支持生活在农村的大多数人,所以不会走得很远。

当国家实现了工业化以后，情况完全相反。对农业支持的需求很大：农业部门小，容易组织；物质投入多，这样农业有了工业同盟；产出价格上涨一个百分点时，农民的净收益将明显地以更大的百分比增加；供给弹性更高，价格的任何提高都会导致强烈的反应；保护的供给更高；农业有着文化上的价值；农业官僚对该部门感兴趣，食品支出在消费者支出中占有很小的比重，所以，消费者对价格上涨的抵制较少，农业支持是将资源从多数人手中转向少数人手中。因此，在多数人人均损失很少的数量时，少数人人均获得很大的收益。只有当预算成本太高时，工业化国家政府才开始抵制对支持的请求。这主要是因为，除了农业部以外，财政部也要参加进来。对农业政策制定者而言，最常见的外部政治压力和主要制约是公共预算。预算使部分农业干预的成本和再分配清晰可见，因此政客和官僚都倾向于选择那些只需很低的直接预算成本的政策。不幸的是，农场主对干预的反应常常是开始时廉价的政策后来成为预算需求巨大的政策。

在经济发展的早期阶段，多数劳动力在农业中就业。但是，由于大多数农业人口未受教育，他们零散地居住在交通运输设施和通信网络都十分落后的广大偏僻地区。他们不但对诸如出口税和高估汇率这样隐蔽剥夺政策的不利影响毫无所知，而且即使他们知道这一点，也会因为组织游说政府的成本太高和组织抵制集团行动的代价过于昂贵而无法实施。同时，在这种情况下，税收和分配的成本也比较高，如果从占少数的非农产业者身上征税，付给每个农户一笔同等的补贴，则会出现较大的财政问题。

此外，由于农民的组织化程度非常低，边远村庄的社会动乱和不稳定的概率较小，政府领导人倾向于在他们的利润考虑中压低对农村居民的权重。与农村人口零散居住的情形相反，在经济发展的早期阶段中，现代产业中就业的人数虽然不多，但集中居住在大中城市里。由于他们的收入仍然低下，因此城市中绝大部分居民的工资和生活与食品价格高度相关，这种相关性体现在食品价格在城市家庭预算中的重要性上。食品价格上涨意味着城市经济中工人（特别是非熟练工人）工资上涨的压力加大，而这必然遭到城市工商业者们的强烈反对。这些工商业者们虽然人数并不多，但其中大部分受过良好的教育和更懂得政治运作的机理，他们进行游说政府的能力要比农民强得多。

同时，由于都居住在城市，他们游说的成本要比农民低得多，集体行动中遇到的免费搭车问题也要比农民采取同样的行动少得多。国内知识阶层虽然不完全同意损害农业或过度剥夺农业，但出于渴望自己的国家尽快通过工业的发展赶上先进国家的经济，也倾向于接受和支持能促进工业化的各种政策。而此时的工业制造业不论在生产、就业和消费结构中，所占的比重都很小，所以对工业保护很可能没有或很少有反对意见，从民族主义或防御的理由出发而产生的建立一个更平衡的，而不是更特殊的更工业化的经济愿望，甚至可能使工业保护政策得到广泛的支持。

随着经济的发展，政治市场上运作的各种力量的相对实力将会改变。例如，工业化程度提高，农业的产值份额和劳动力就业份额都会较大幅度地下降。在农业人口减少的同时，他们的教育水平却得到提高。整个农村地区的教育、通信和交通运输设施的质量与城市相差无几。农村居民对于在收入和生活上与城市居民相比较所处的地位，变得越来越敏感。同时，他们自己组织起来的成本也大大降低了，特别是由于人数减少利益趋同，使得免费搭车问题的严重性也减轻了。在这一条件下，如果农业的比较利益下降，农民的收入状况恶化，他们就会起来采取政治行动，以促进城乡平等关系的建立。

在较发达的工业经济中，随着经济结构的高度化，在农业中就业的劳动力数量不仅相对下降而且绝对减少了，不久就会达到这样一个时点，即如果要使务农收入在现行价格下保持与非农产业的收入同步增长，一些农场就必须被另一些农场所吞并。随着这一时点的到来，对农业价格保护的支持政策的需求提高了，这是因为如果没有支持，日益增长的农民人数将面临人满为患、重新配置、再培训和寻找非农产业职位等问题，即农产品不能获得较高价格的机会成本会提高。所有这些因素，对政府领导人来说，都将大大提高农业保护的边际收益。

与此同时，由于国民收入的增加，城市居民工资收入者的实际收入受食品价格的影响大大减少，提高农产品价格的政策几乎不存在有组织的反对力量。随着人们对田园生活的怀旧情绪和对环境保护的兴趣日渐提高，他们对农业保护的高成本越来越能容忍，对在经济增长中受到损害而陷入困境的农民越来越同情。此外，由于非农利益集团的规模和数量都大大增加了，因而反对农业保护的集体行动的免费搭车者也增多了。如果一个国家在经济增长过程中变成了食品进口国，则可能采取进口控制这样较为隐蔽的手段来扶持农业；而那些农业保持比较优势的国家，不得不采取直接补贴或提高国内消费者价格这样的手段来支持农业。此外，在食品自我生产不足的发达国家，如果存在着考虑本国食品安全的想法，就会降低农业保护的政治成本。

二、农业保护政策的改革方向

（一）农业保护政策主要目标的重要程度发生了重大变化

传统的农业保护政策以价格保护措施为核心，以提高农民收入和增加农产品供给为主要目标。以价格保护为核心的农业保护政策体系虽然在提高农产品供给方面效果非常显著，但在农产品自给以后所带来的最大问题是供给过剩，为了解决农产品供给过剩问题政府不仅要增加财政支出，而且还必须采取限产措施，因而传统的农业保护政策在提高农民收入方面所起的作用十分有限。

在发达国家，农民收入水平的提高主要来自农业劳动力的转移、非农产业收入的增加以及农业经营规模的扩大。应该说在发达国家，农民收入问题和农产品的供给问题得到了较好的解决。随着乌拉圭回合之后黄箱①政策措施的削减和限制，农产品贸易自由化的推进和竞争的加剧，人们对食品安全和环境保护意识的提高，提高农业国际竞争力、食品安全、环境保护等政策目标的重要程度迅速提升。

在许多发达国家，提高农民收入和增加农产品供给政策目标的实现甚至要建立在上面这些目标实现的基础之上，这使得农业保护政策目标体系的整合程度提高了，虽然有助于促进农业走向和谐可持续发展，但政策目标之间的矛盾和冲突增加了。发展中国家在提高农民收入和增加农产品供给这两个重要目标还未很好解决的情况下，就将其他诸如农业国际竞争力、食品质量安全、环境保护等目标也提到重要的议事日程上来，因而所面临的农业保护任务更为艰巨。

（二）农业保护政策措施实现了从黄箱向绿箱的转变

传统农业保护政策所引发的一系列问题促成了各国在乌拉圭回合中将农产品贸易问题纳入了谈判议程，并最终达成了《农业协议》。《农业协议》的签订标志着传统的以农产品价格支持、农产品出口补贴和农业生产要素投入补贴为主的农业保护政策的衰落，这些政策由于不仅要由政府承担不断增加的政策成本，而且还要由消费者来承担政策成本。为实现农业和农民的公平目标，但带来了不公平的结果，并且还带来了资源的扭曲配置以及效率损失等一系列问题。因而这类政策被称为黄箱政策并受到削减和限制。

世界贸易组织（WTO）成立后，造成贸易严重扭曲的关税、国内支持和出口补贴有了相当程度的降低，这一做法使市场的可预见性大大提高，使得世界农产品贸易向自由化迈进了一大步，但并没有改变农业保护政策的本质。发达国家主要是大幅度地削减或放弃原有的具有短期效应的价格支持政策，转而大量采用具有长期效应、较少直接引起贸易严重扭曲的农业保护政策措施，即所谓的绿箱农业政策措施。绿箱农业政策措施的精髓是，农业保护政策体系的构建应该建立在市场机制充分发挥作用的基础之上，这样既减少了资源的扭曲配置，又保护了农业，逼近了社会公平。绿箱农业政策措施主要是针对市场机制在农业中的失误，重点解决农业的公共产品供给、农业的外部性和区域社会发展不平衡等问题，这成为不受约束的农业保护政策领域。"在 WTO 框架下，我国应加大'绿箱政策'的保护力度，建立农产品缓冲储备体系，确立制度化的农业投入体系，建立农业保险制

---

① "黄箱"政策措施主要包括：价格补贴，营销贷款，面积补贴，牲畜数量补贴，种子、肥料、灌溉等投入补贴，部分有补贴的贷款项目。

度，进行农产品贸易控制，建立健全农业保护的中介和载体，完善农业社会化服务体系。"①

（三）农产品贸易自由化在加速，非关税贸易壁垒更为森严

就绝大多数国家来说，对农产品都是采取奖出限入的政策，进而使得农产品国际贸易成为受到各国政府政策干预力度最大和最为频繁的部门之一。20世纪初美国实行全面系统的农业保护政策。为了保证农业保护政策特别是以价格保护政策为核心的有效运转，必须有森严的关税和非关税保护措施。农业保护政策在提高农民收入、增加农产品供给的同时，要面对的问题就是如何处理过剩的农产品。发达国家在处理这些剩余农产品时一般采取出口补贴政策，进而扭曲了国际农产品市场。在20世纪90年代以前，农业保护政策及其对农产品自由化的阻碍达到了登峰造极的程度。WTO农业协议的达成使得非关税措施关税化、关税大幅度削减、出口补贴受到削减和限制，关税配额等政策的实施使得农产品的市场准入程度提高，这是人类有史以来首次在全球范围内大幅度地推进了农产品贸易的自由化。多哈回合又使农产品贸易自由化向前推进了一步。

但在农产品贸易自由化程度提高的同时，非关税贸易壁垒变得更加森严。按照联合国贸易与发展大会对贸易控制性措施的分类，国际贸易壁垒有两类：①关税壁垒；②非关税壁垒，其中技术性措施即技术性贸易壁垒属于非关税壁垒。在关税壁垒被削减或受限制的情况下，技术性贸易壁垒在国际贸易壁垒中的比例逐步提高，涉及的产品领域也逐渐拓展，运用技术性贸易壁垒的国家也越来越多，技术性贸易壁垒正在成为贸易保护的重要手段。

技术性贸易壁垒的产生有其深刻的社会和技术背景。保障人类健康和动植物福利及生态环境等合法目标的存在是技术性贸易壁垒产生与发展的根本原因，而随着经济发展，各国对安全、卫生和环保要求日趋严格，科技进步也为技术性贸易壁垒的发展创造了技术条件。而且由于保障人类健康和动植物福利及生态环境等涉及经济学中的市场失灵问题——这是因为仅凭市场本身的力量不足以解决进口产品可能带来的信息不对称、公共产品以及外部性等方面的失灵，所以需要政府或相关国际组织通过制定法规标准或其他相关措施来提供仅凭市场无法提供的服务，以弥补市场失灵。

技术性贸易壁垒存在于多数产业，但对于初级产品和农产品加工品进行国际贸易尤为重要。在农产品贸易自由化的背景下，各国尤其是发达国家利用自身在技术等方面的优

---

① 陈波、吴天忠：《WTO框架下我国农业保护政策》，载《贵州财经学院学报》2008年2期，第55页。

势，越来越多地转向使用技术手段来控制外国商品的进入，将原来应当是技术性贸易壁垒的附带贸易限制演变为主要目的就是控制进口，保护本国产业，从而助长了滥用技术性贸易壁垒的可能。

技术性贸易壁垒实施保护的含义是保护农业生产者不受疫病传入导致产量降低，保护消费者不受疫病侵害或保护环境等，而不是采用传统保护手段直接保护本国生产者的市场竞争力。农产品出口国有可能被要求证明他们的产品不会对进口国的环境、动植物品种或人类健康造成损害，同时也被要求遵守进口国制定的从配料到包装材料的一切标准。

技术性贸易壁垒本质上有其合理积极的一面，但也有可能被贸易保护主义者利用。对出口国而言，由于存在技术上的差距，短期内技术性贸易壁垒对产品出口会呈现为一种数量控制机制；长期则表现为跨越技术性贸易壁垒必须增加投入成本，从而产生价格控制，并不断表现为数量控制—价格控制—数量控制—价格控制的循环中。但是在没有对技术性贸易壁垒的影响进行经济评价之前，简单地将技术性贸易壁垒认定为进口国进行贸易保护的工具或降低风险的手段都是不科学的。技术性贸易壁垒在农产品国际贸易中并非单纯的经济问题，它在很大程度上受非经济因素或者被特殊政治利益所驱使，包括国内各种利益集团以及不同国家和区域经济组织间的政治利益。

第二节 农业标准化与农产品质量安全

农业标准化是农业现代化的重要内容和主要标志，是农业产业化和产业结构调整优化的重要技术基础，也是确保食品安全，加强农产品国际竞争力，实现农业可持续发展的重要前提和保证。建设有竞争力、健康和持续发展的现代农业，必须着力提高我国农业标准化的水平。

一、农业标准化

（一）标准、标准化

标准是指为在一定的范围内获得最佳秩序，经协商一致制定并由一个公认机构批准，对活动或其结果规定共同的和重复使用的规则、原则或特性的文件，具体可以为标准文件、技术规范、规程、法规等多种形式。标准以科学、技术和经验的综合成果为基础，以促进最佳社会效益为目的。本质上，标准就是要求，是市场和消费者的要求。

标准化是指在一定范围内获得最佳秩序，对实际的潜在问题制定共同的和重复的规则的活动。标准化包括制定、发布及实施标准的过程，通过制定、发布和实施标准，达到统一是标准化的实质，标准是标准化活动的核心内容。

（二）农业标准化目的与核心

农业标准化是以农业为对象的标准化活动，即运用统一、简化、协调、选优原则，通过制定和实施标准，把农业产前、产中、产后各个环节纳入标准生产和标准管理的轨道，把先进的科学技术和成熟的经验推广到农户，转化为现实的生产力，取得经济、社会和生态的最佳效益的可持续过程。简单地说，农业标准化就是按照标准生产农产品的全过程，包括组织制定农业标准、实施推广农业标准和对农业标准的实施进行监督的全过程。

农业标准化的目的是将先进的农业科技成果和多年的生产实践经验结合起来，制定成文字简明、通俗易懂、逻辑严谨、便于操作的技术标准和管理标准，向农民推广，以生产出优质、标准、高产的农产品，实现农民增收，并同时能保护农业生态环境，实现农业的可持续发展。这就要求农业的生产经营活动要以市场为导向，建立健全规范化的农产品生产工艺流程和衡量标准并予以实施。

农业标准化的核心是农业标准的实施与推广，是标准化基地的建设与扩展，由点及面，逐步推进，最终实现生产的基地化和基地的标准化。同时，标准的实施与推广还必须有完善的质量监督体系和农产品评价与认证体系。

（三）农业标准的基本分类

农业标准是评价农产品质量的技术依据，是农产品生产加工、质量检验、分等定价、选购验收、洽谈贸易的技术准则，可以从标准发生作用范围、法律约束性、作用和对象、标准的性质等依据对农业标准进行分类。

1. 按标准发生作用的有效范围分类

（1）国家标准。国家标准是由国家标准团体制定并公开发布的标准。一般由国家标准化主管机构批准，并在公告后需要通过正规渠道购买的文件，除国家法律法规规定强制执行的标准以外，一般有一定的推荐意义。我国的国家标准是由国务院标准化行政主管部门编制计划和组织草拟，并统一审批、编号和发布。

（2）行业标准。行业标准是指行业的标准化主管部门批准发布的，在行业范围内统一的标准。根据《中华人民共和国标准化法》的规定：由我国各主管部、委（局）批准发布，在该部门范围内统一使用的标准，称为行业标准。在我国行业标准由国务院有关行政主管部门制定，并报国务院标准化行政主管部门备案。

(3) 地方标准。我国地方标准是指在某个省、自治区、直辖市范围内需要统一的标准。地方标准不得与国家标准、行业标准相抵触，在相应的国家标准或行业标准实施后，地方标准自行废止。地方标准由省、自治区、直辖市标准化行政主管部门制定并报国务院标准化行政主管部门和国务院有关行政主管部门备案。

(4) 企业标准。企业标准是指企业所制定的产品标准以及根据在企业内需要协调、统一的技术要求和管理工作要求所制定的标准。企业标准由企业制定，并向企业主管部门和企业主管部门的同级标准化行政主管部门备案。

2. 根据农业标准的法律约束性分类

(1) 强制性标准。强制性标准是国家技术法规的重要组成部分，具有法律属性，在一定范围内通过法律、行政法规等手段强制执行的标准是强制性标准。依据《国家标准管理办法》和《行业标准管理办法》规定，强制性标准的范围包括：①药品、食品卫生、兽药、农药和劳动卫生标准；②产品生产、贮运和使用中的安全及劳动安全标准；③工程建设的质量、安全、卫生等标准；④环境保护和环境质量方面的标准；⑤有关国计民生方面的重要产品标准等。

(2) 推荐性标准。推荐性标准又称为非强制性标准或自愿性标准，是指生产、交换、使用等方面，通过经济手段或市场调节而自愿采用的一类标准。

3. 根据农业标准的对象和作用分类

(1) 农业基础标准。在一定范围内作为其他标准的基础并普遍使用，具有广泛指导意义的标准，称为基础标准。主要是指在农业生产技术中所涉及的名词、术语、符号、定义、计量、包装、运输、贮存、科技档案管理及分析测试标准等。

(2) 产品标准。产品标准是对产品必须达到的某些或全部特性要求所制定的标准。主要包括农林牧渔等产品品种、规格、质量分级、试验方法、包装、运输、贮存等农机具标准、农资标准以及农业用分析测试仪器标准等。

(3) 方法标准。方法标准是以试验、检验、分析、抽样、统计、计算、测定、作业等方法为对象制定的标准。主要包括选育、栽培、饲养等技术操作规程或规范，以及试验设计、病虫害测报、农药使用、动植物检疫等方面的方法或条例。

(4) 安全标准。安全标准是为保护人和物安全和健康制定的标准。一般均为强制性标准，由国家通过法律或法令形式规定强制执行，在产品标准或工艺标准中列出有关安全的要求和指标。

(5) 卫生标准。卫生标准是指为了保护人体和其他动物身体健康，对食品饲料及其他方面的卫生要求而制定的农产品卫生标准。主要包括农产品中的农药残留及其他重金属等有害物质残留允许量的标准和检验检测方法标准。

（6）环境保护标准。环境保护标准是指为保护环境和有利于生态平衡，对大气、水质、土壤、噪声等环境质量和污染源的检测方法以及其他有关事项制定的标准。例如，水质、水土保持、农药安全使用、绿化等方面的标准。

（7）农业工程和工程构件标准。农业工程和工程构件标准是指围绕农业基本建设中各类工程的勘察、规划、设计、施工、安装、验收，以及农业工程构件等方面需要协调统一的事项所制定的标准。如塑料大棚、种子库、沼气池、牧场、畜禽圈舍、鱼塘、人工气候室等。

4. 根据标准的性质分类

（1）技术标准。技术标准是对标准化领域中需要协调统一的重复性的技术事项在一定范围内制定的标准。主要是事物的技术性内容，如种子、种苗相关的技术标准。

（2）工作标准。工作标准对标准化领域中须协调统一的工作事项所制定的标准。工作标准是指一个训练有素的人员完成一定工组所需的时间。他完成这样的工作应该用预先设定好的方法，用其正常的努力程度和正常的技能（非超常发挥），所以也称为时间标准，包括针对具体岗位而规定人员和组织在生产经营管理中的职责、权限，对各种过程的定量定性要求以及活动程序和考核评价要求等。

（3）管理标准。管理标准是对标准化领域中需要协调统一的管理事项所制定的标准，如标准分级管理办法、农产品质量监督检验办法及各种审定办法等。管理标准按其对象可分为技术管理标准、生产组织标准、经济管理标准、行政管理标准、业务管理标准等。

（四）农业标准化的作用

1. 农产品质量安全体系的重要支撑

农产品质量安全体系由标准、监管、执法、认证和检测五大体系构成，而其中标准化是整个农产品质量安全体系的基础和核心。标准是作为共同规则而存在的产品符合标准就合格，否则就不合格。可见农业标准为后续的农产品监管、执法和检测等程序提供了依据，使整个农产品质量安全体系有的放矢，有据可依。

2. 规范和统一农产品生产经营管理行为的技术依据

标准既然是共同准则，就应该贯穿于农产品生产、加工、流通全过程，使农业生产遵循统一的技术标准和生产操作规范。在发达国家，农业生产从品种选育到种养管理，再到加工包装、储存运输、上市销售等全过程，都有一套标准化的操作规范。

3. 评价农产品安全水平高低和质量优劣的重要尺度

标准是一种规则，可以打击制假制劣的生产者，解决贸易纠纷，稳定社会秩序。根据标准的内容，可以对农产品的质量优劣和安全水平做出真实的评价，从而实现打击和驱逐劣质农产品的目的，保护消费者的合法权益和人身健康。

4. 农业行政执法的重要保障

标准既是评价规则，同时也是农业行政执法的依据和重要保障。有了可行的标准，行政执法才能做到有法可依，有据可循。相关执法部门依据国家相关食品安全标准，查处不合格产品，打击非法厂商和销毁不符合国家标准的肉制品，从而实现对消费者的保护。

5. 引导农产品生产、加工和消费的重要指南

技术法规、生产操作规范、安全标准等贯穿于农业生产的生产、加工、流通和消费的整个过程，不但可以指导生产经营者合理、合法、合规经营，向市场提供合格安全的农产品，还可以引导消费者增强食品安全意识，形成健康消费的良好消费习惯。从长远来看，各方对标准的遵循和重视关注，对整个农业生产和消费会起到良好的引导和约束作用，促进农业的健康可持续的发展。

（五）农业标准化的现实意义

农业标准化是现代农业的重要基石。国内外农业发展的实践经验表明，农业标准化是促进科技成果转化为生产力的有效途径，是提升农产品质量安全水平、增强农产品市场竞争能力的重要保证，也是提高经济效益、增加农民收入和实现农业现代化的基本前提。加快农业标准化进程，是新世纪新阶段推进农业产业革命的战略要求。

1. 推进农业标准化是农业经济结构战略性调整的必然要求

农业结构战略性调整，一个最为重要的目标就是要实现优化结构、提高质量和效益。实现这个目标，一项很重要的工作就是大力推行农业标准化，包括农产品生产及加工、流通的标准化。要以农业标准化带动农业生产专业化和区域化，进而推动农业的战略性结构调整。农业标准化涉及农业产前、产中、产后多个环节，以食用安全和市场需求为目标制定农业标准，通过实施农业标准，综合运用新技术、新成果普及推广新品种，在促进传统优势产业升级的同时，促进农业生产结构向优质高效品种调整，实现农业资源的合理利用和农业生产要素的优化组合，促进农业素质的整体提高，为提高农业效益奠定了基础。

2. 推行农业标准化是保障消费安全的基础性工作

随着人民生活水平的不断提高，农产品质量、安全问题越来越被广大消费者所关心和

重视，对农产品消费安全的呼声越来越高。近年来，因农药残留、兽药残留和其他有毒有害物质超标，导致的农产品污染和中毒事件时有发生，严重威胁了广大消费者的身体健康和生命安全。解决这类问题的一个重要前提，就是要建立起与中国农业和农村生产力发展阶段相适应的农产品质量安全标准体系、检验检测体系和认证认可体系。在这三大体系中，农产品质量安全标准体系具有基础性的作用。

3. 推进农业标准化是促进农业科技成果转化有效途径

科学技术是第一生产力，而农业标准化是科技兴农的载体和基础。农业标准化既源于农业科技创新，又是农业科技创新转化为现实生产力的载体。它通过把先进的科学技术和成熟的经验组装成农业标准，推广应用到农业生产和经营活动中，把科技成果转化为现实的生产力，从而取得经济、社会和生态的最佳效益，达到高产、优质、高效的目的。科技成果转化为标准，可以成倍地提高推广应用的覆盖面；同时，标准的提高又会推动科技创新。

4. 农业标准化是增强农产品国际竞争力的重要手段

我国加入WTO后，价格优势在国际市场上受到了安全标准的挑战。近年来，一些发达国家实施以标准为基础的国际贸易保护战略，提高农产品市场准入门槛，已成为制约我国农产品出口的主要障碍。我国大部分的农产品出口企业不同程度地受到国外技术壁垒的影响。同时，由于我国标准门槛低，加之检测能力弱，客观上为国外农产品大量进入我国市场提供了便利。在此形势下，要做好优势农产品"打出去"、受冲击农产品"守得住"两篇大文章，就必须加快推进农业标准化，下大力气增强我国农产品的国际竞争力，提高我国农产品贸易的技术保护水平。

二、农产品质量安全

"当前我国农产品质量安全事件时有发生，相关部门对农产品质量安全的宣传力度也在不断加大，使得消费者对农产品的质量要求越来越高。"① 农产品质量安全，指农产品的可靠性、使用性和内在价值，农产品质量符合保障人的健康、安全的要求，即无毒、无害，符合应当有的营养要求，对人体健康不造成任何急性、亚急性或者慢性危害。质量是指营养、品质、感官（质地、色泽、香气、味道等），安全是指危害人体健康物质的污染、残留（重金属、农药、兽药、病原微生物、生物毒素等）。安全的农产品特点是：不应含有可能损害或威胁人体健康的因素，不应导致消费者急性或者慢性毒害，或感染疾病，不

---

① 张晓儒、戴桂香、孙影等：《影响农产品质量安全的因素及改进措施》，载《农业与技术》2022年42期，第148页。

应产生危及消费者及其后代健康的隐患。总之,农产品质量安全是农产品安全、优质、营养等要素的综合体。

(一)农产品质量安全问题危害的特点

第一,危害的直接性。不安全农产品直接危害人体健康和生命安全。因此,质量安全管理工作是一项社会公益性事业,确保农产品质量安全是政府的天职,没有国界之分,具有广泛的社会公益性。

第二,危害的隐蔽性。仅凭感观往往难以辨别农产品质量安全水平,需要通过仪器设备进行检验检测,甚至还须进行人体或动物实验。部分参数检测难度大、时间长,质量安全状况难以及时准确判断,如重金属和生物毒素等的检测十分困难。

第三,危害的渐进性和累积性。不安全农产品对人体危害的表现,往往经过较长时间的积累和渐进显现,如部分农药、兽药残留在人体内积累到一定程度后,才导致疾病的发生并逐渐恶化。

第四,影响的传递性。农产品的同质性会导致一旦个别农产品出了安全事故,消费者对同类产品所有品牌都不信任。

(二)农产品质量安全的主要影响因素

1. 物理性污染

物理性污染是指由物理性因素对农产品质量安全产生的危害,是由于在农产品收获或加工过程中操作不规范,不慎在农产品中混入有毒有害杂质,导致农产品受到污染,如通过人工或机械在农产品中混入杂质、农产品因辐射导致放射性污染等,这类污染可以通过规范操作加以预防。

2. 化学性污染

指在生产加工过程中使用化学合成物质而对农产品质量安全产生的危害。如使用农药、兽药、添加剂等造成的残留,这类污染可以通过标准化生产进行控制。

(1)农药残留。指的是农药使用后残留于生物体、食品(农副产品)和环境中的微量农药原体、有毒代谢物、降解物和杂质的总称,主要来源于农业生产施用的直接污染、环境的间接污染、食物链和生物富集、运输和储存过程中的二次污染等。其主要种类有有机氯类、有机磷类、氨基甲酸酯类、拟除虫菊酯类和杀菌剂类等。

(2)兽药残留。指的是动物产品的任何可食部分所含的兽药母体化合物或代谢物,以及和兽药有关的杂质残留。来源于预防和治疗禽兽疾病、饲料添加剂、食品保鲜、改良品种（瘦肉精）等生产过程，种类有抗生素类、磺胺类、吡喃类、雌激素类等。

（3）重金属污染。其主要来源为次生环境污染（人类活动对环境造成的污染，尤其以废弃物最严重，如汞在沉积物中检出浓度高达200mg/kg），部分来源于原环境（天然形成的，如未污染的土壤中，汞的平均浓度0.007mg/kg）。

（4）硝酸盐、亚硝酸盐污染。其来源于食品添加剂（直接来源）、生物机体的合成、含氮化肥和农药的使用、工业废水和生活污水（主要来源）等，可引起癌症、甲状腺肿大、婴儿先天畸形、正铁血红蛋白症（血红蛋白本能和氧结合）等重病。

3. 生物性污染

指自然界中各类生物性污染对农产品质量安全产生的危害，如致病性细菌、病毒以及某些毒素等。此外，农业转基因技术可能导致质量安全问题。该污染具有较大的不确定性，控制难度大，如禽流感。

4. 本底性污染

指农产品产地环境中的污染物对农产品质量安全产生的危害。主要包括产地环境中水、土、气的污染，如灌溉水、土壤、大气中的重金属超标等。本底性污染治理难度最大，需要通过净化产地环境或调整种养品种等措施加以解决。

（三）农产品质量安全问题可能带来的影响

1. 危及公众健康

食品中的有毒有害物质直接影响人的生长发育，诱发急性中毒和慢性疾病，甚至导致死亡。每年全球有数以亿计的人口因食品污染、饮用水污染而患病。在美国由于食品受出血性大肠杆菌污染，每年造成近2万人患病。英国发生牛海绵状脑病后，虽然因病直接致死的人数只有69人，但由于牛海绵状脑病潜伏期长、确诊困难，至今人们仍心存恐惧。

2. 引发国际贸易争端

近年来，世贸组织各成员国在普遍实行关税减让后，根据世贸规则，越来越多的国家把提高食品安全标准作为技术性贸易壁垒措施，限制他国产品进入。通常的做法是采取修改技术法规、提高技术标准、严格合格评定程序，要求食品出口国生产企业具备较高的食品安全生产条件、出口产品必须取得国际认证等，提高农产品和食品的进口门槛。

3. 影响政府公信力

从国际经验看，农产品质量安全事件会直接影响公众对政府的信任度，一些重大食品安全事件甚至会破坏社会稳定、危及国家安全。因此，能否保障食品安全，已成为衡量政府能力的重要尺度，做好农产品质量安全工作，责任重大，意义深远。

（四）农产品质量安全认证

1. 无公害农产品认证

发展无公害农产品、绿色食品和有机农产品，既是解决农产品质量安全问题的重要措施，也是推进农业优质化生产、专业化加工、市场化发展的有效途径，更是推动农业生产方式转变、促进农业综合生产能力提高和推进农业增长方式转变的战略选择。无公害农产品是指有毒有害物质残留量控制在安全质量允许范围内，安全质量指标符合规定。无公害农产品是保证人们对食品质量安全最基本的需要，是最基本的市场准入条件，普通食品都应达到这一要求。无公害农产品认证分为产地认定和产品认证，由农业部门认证，其标志的使用期为3年。

2. 绿色食品认证

绿色食品是遵循可持续发展原则、按照特定生产方式生产、经专门机构认定、许可使用绿色食品标志的无污染的安全、优质、营养类食品。我国的绿色食品分为A级和AA级两种，其中A级绿色食品生产中允许限量使用化学合成生产资料；AA级绿色食品则较为严格地要求在生产过程中不使用化学合成的肥料、农药、兽药、饲料添加剂、食品添加剂和其他有害于环境和健康的物质。按照农业部发布的行业标准，AA级绿色食品等同于有机食品。从本质上讲，绿色食品是从普通食品向有机食品发展的一种过渡性产品。绿色食品标志的使用期为3年。

3. 有机产品认证

有机农产品（食品）是指来自有机农业生产体系，根据国际有机农业生产要求和相应的标准生产加工的，并通过独立的有机食品认证机构认证的农副产品，包括粮食、蔬菜、水果、奶制品、禽畜产品、蜂蜜、水产品、调料等。有机食品与其他食品的区别主要有三个方面：①有机食品在生产加工过程中绝对禁止使用农药、化肥、激素等人工合成物质，并且不允许使用基因工程技术；②生产转型方面，从生产其他食品到有机食品需要2~3年的转换期，而生产其他食品（包括绿色食品和无公害食品）没有转换期的要求；③有机食品追求人与自然和谐发展的理念，注重生产过程的控制。

第三节 传统农业改造与农业现代化发展战略

一、传统农业改造

(一) 农业发展阶段划分

人类农业生产的历史经历了三个不同的发展阶段,即原始农业、传统农业和现代农业。它们之间由于生产力水平不同而具有质的区别。这种区别是由生产工具、劳动者的生产技能以及生产力各要素的配置方式不同而表现出来的。

1. 原始农业

原始农业是从新石器时代到铁器工具出现以前的农业,其基本特征是以石器、棍棒为生产工具,以传统的直接经验为生产技术,只能够利用自然而不能改造自然,只是从土地上掠夺物质和能量,没有物质和能量的人为循环。刀耕火种,广种薄收,生态平衡遭到严重破坏,自给自足,缺少社会分工。原始农业的突出贡献是对野生动植物的驯化,实现了采集向种植业、狩猎向畜牧业的转变。

2. 传统农业

传统农业是指开始于石器时代末期和铁器时代初期,并且在发达国家一直延续到18世纪60年代的一种农业生产经营方式。它是在原始采集农业和游猎农业的基础上发展而来的,是人类进入定居时代后发展起来的第一个产业部门。传统农业是发展中国家二元经济结构中的一个组成部分。

3. 现代农业

现代农业是从资本主义产业革命到20世纪初,特别是第二次世界大战以来的农业。它的基本特点是物质和能量开放式循环,从农业以外投放大量的能量和物质,因而加速了农业生产的发展。现代农业是人类第一次在农业生产和经营中大规模自觉应用现代科学技术与农业机械的结果,是广泛采用以机械、化学和生物技术群为核心的现代科学技术和现代工业提供的生产资料和科学管理方法的农业。同时,它又是高度发达的市场经济。传统的现代农业在追求产量增长和收入提高的情况下,较少考虑社会和环境等外部性问题,因而在可持续发展思想指导下便产生了现代农业的高级形式——可持续农业,它要求农业要实现经济、社会和生态环境的可持续发展。

(二) 传统农业基本特征

1. 技术停滞

在传统农业中，农民以传统的直接经验技术为基础，使用简陋的铁木农具和人力、畜力以及水力和风力进行生产。在这漫长的历史时期中，农业技术的进步和生产的发展极其缓慢，农业完全以世代使用的各种生产要素为基础。

2. 劳动生产率低下

由于技术停滞，粮食产量的增加主要依靠两种途径：①扩大耕地面积，形成粗放式耕作。由于地球上可开垦荒地有限，这一方式越来越失去了发挥作用的余地。②增加单位面积上的劳动投入，形成劳动密集型的精耕细作，但由于技术停滞，土地报酬递减规律发挥作用，劳动生产率呈下降趋势。

3. 自给自足的自然经济

在传统农业中，很少有外部生产要素的投入，而所生产的农产品也主要是满足自己的生产和生活需要，产品剩余很少，农业生产基本处于自我循环状态。原始的生产工具和生产技术迫使农民在小块土地上耕作，他们的衣食住行、生老病死等基本活动都局限在与世隔绝的村落中，形成自给自足的自然经济。

(三) 传统农业中稀缺资源的特性

在传统农业社会中，丰裕资源和稀缺资源并存，丰裕资源的边际生产率往往很低，因而增加农业产出和增加农民收入的根本出路在于增加稀缺资源的供给。虽然稀缺资源很难确定，但梅尔认为，稀缺资源有着一般性特征。

第一，农民无法自行提供，大多数稀缺资源都必须社会性供给，至少在分配这些资源时要有社会决策。这一点可解释为什么即使农民大体上以最好的方法分配这些资源，其结果仍然不能令人满意。

第二，许多稀缺投入物的需求与工业发展并无冲突，它们主要依赖相对丰裕的资源，加上训练有素的管理人员和技术人员。

第三，这些投入物的互补性要求供给方面的协调与配合，如新作物品种和肥料的配合使用一样，同时要求对农民进行积极有效的教育。

第四，在不同地区，由于资源、文化和经济条件的差别，这些投入物的生产率也存在着很大的差别，农业计划必须以详细的地区性研究为基础。

第五，在某些特殊情况下，一定形式的稀缺资源可能已经大量充分地使用了。如果实际投入量超出了需求量，多余的部分短期收益很低，一旦其他投入物略有增加，就会获得特别显著的收益。

第六，农业发展中稀缺资源的特点，使得努力确定社会的边际生产率和成本收益率一般并不能提供真正有意义的信息。如经过培训的技术人员与大量雇用不熟练劳动力，机会成本很低的资源与相对稀缺的资源一起使用，降低了资源利用效率。

第七，稀缺资源不可随心所欲地移动。虽然它们的固定性经常简化了分配时的决策手续，但在做出是否生产或创造这些资源的决定时仍面临难题。

（四）传统农业中的稀缺资源

在传统农业中，一般认为土地和资本是稀缺资源，然而梅尔则不这样认为。梅尔认为，传统形式的农业资本是生产过程中创造的，其中劳动是最基本、有时是唯一的资源，如人工挖掘水井，可以期望这种形式的资本在数量上不存在限制。土地是一种稀缺性资源，土地和劳动力之间的互补性很强，但往往传统农业社会的土地平均生产率很低，如果增加其他形式的互补性投入物，也就为生产率的提高提供了可能性，从这种意义上可以认为土地也存在着严重的利用不足问题。

通过在现有的单位面积产量很低的农业土地上使用经过改进的新技术而增加生产的潜力，要比通过土地垦殖和土地改造而增产潜力要大得多，而且目前的农业要取得技术上的改进只需要投入其他互补资源，与现有的土地、劳动力和资本资源相结合，共同起到互相促进的作用。

1. 提供刺激的制度

增加农业生产十分明显的前提条件是建立一种适宜的宏观环境，使增加生产的举措能够向农业生产决策者提供足够的刺激，这种刺激受多方面的影响，从基本的文化和心理状况到经济体制和经济活力。土地所有制度特别重要，因为土地所有制的转变常常可以打开技术发明的增产之路，虽然它本身并不能保证增加产量。

2. 改进生产可能性的科学研究

农业生产的长期增产需要一项能够不断生产新的生产技术和要素组合体系的研究计划，由于不同地区的资源条件、经济状况以及文化传统上的显著差异，农业生产必然要求投入大量资源用于各地区的适应性的分散研究和试验。虽然科研的重要性众所周知，但它常常且恰好是发展计划中最薄弱的环节。

3. 使用新型和经过改进的投入物和生产设备

在现代社会，要使增产的可能性变为现实，科学的农业需要新的生产方法和新的生产函数。起初，新的作物品种、家畜良种、化学肥料、杀虫剂和除草剂可能是最重要的，随后则需要其他形式的生产投入，如需要受过训练的技术工人加上一套严密的质量控制体系等，需要解决农业生产中互补性投入物的不足问题，要求有一系列互相作用因素的混合作用。

4. 农业生产的服务机构

一旦有效地利用互补性投入物，就要求成立一系列服务机构。这类机关型的机构主要是经过培训后的人力，包括新型投入物的机构，新增产品的运销和加工处理机构、信贷机构以及在农村调节配置资本资源的其他机构。高效率的运输组织需要投入大量资本同样也很重要。农村政府机构在集体行动时，需要新建和保养公路、地方灌溉工程等。

5. 帮助农民做出更好选择的教育工作

进步的农业是以不断出现新的选择为特征的，其中有些选择被接受了，有些则被放弃。由于农业资源条件、过去的生产事件及现行管理方式的千差万别，对于各种新的选择不加区别地一揽子接受是很不明智的。也正因为如此，农民的教育计划必须以更灵活的形式、在较小的地理区域内分头实施。

（五）传统农业改造的主要措施

1. 市场经济制度的构建

传统农业的改造必须建立在市场经济的基础之上，因为市场可以刺激指导农民做出生产决策并根据农民配置要素的效率得到不同回报。市场是农民配置农业资源的基础，但市场在农业的许多方面有失误之处，在市场经济的基础之上离不开政府对传统农业的宏观调控。在传统农业社会，农民所生产的农产品大部分供自己消费，市场对农业调控作用较小。随着传统农业向现代农业的转变，市场的重要性在以下方面迅速增加：

（1）农产品的商品化程度迅速提高。农产品商品率的提高，部分是由于城市化水平的提高增加了对农产品需求的绝对和相对规模，部分是由于农民加入市场经济，他们的生产也越来越专业化了。

（2）随着人们收入水平的提高，人们对肉蛋奶、蔬菜、水果等高品质农产品的需求逐步增加，但这些产品不耐贮藏，容易腐烂，农民单独加工储运不经济，单独销售缺乏谈判力量，了解市场也将增大交易成本，农民也可能因为这些产品销售不畅而遭受损失。

（3）收入的增加引起了对市场服务的增加，市场服务比农产品本身有更大的收入弹性，市场交易费用将成为农产品销售费用的一个日益增长的部分，因而市场经济制度的建立和市场管理效率的提高将有助于降低交易成本，提高农业的经济效益。政府制定有效的市场经济制度、向农民提供相关的市场信息和加强市场的设施建设将会更加有利于市场作用的发挥，促进传统农业向现代农业的转变。

2. 有效的农业微观经济组织制度的建立

农业产业的特点决定了农业的微观经济组织制度的构建与非农产业有相当大的差别。在非农产业中，家庭经营将会逐渐消亡，现代企业制度和跨国公司已经或将占有主要或垄断地位。但在农业中，国内外的历史经验都证明，家庭经营是农业微观经济组织中最基本和最主要的形式。对传统农业进行改造，需要构建农业合作社、公司等社会化服务组织，但不能否定农业的家庭经营，必须建立在农业家庭经营的基础之上。在传统农业社会中，实行耕者有其田的土地政策更有利于农业发展和社会稳定，随着农业现代化的推进，逐渐具备了实行农业适度规模经营的条件，因而土地政策将从公平优先转变为效率优先，但土地适度规模经营仍然是建立在家庭经营的基础之上，辅之以更为完善的社会化服务体系。

3. 农业技术进步水平的提高

农业科学技术一经应用到农业生产实践中去，就会变成强大的物质力量，成为改造传统农业和实现农业现代化的重要推动力。由于资本、劳力和其他自然资源的有限性，传统农业改造过程中的农业技术进步要特别注意技术选择，构建合理的农业技术体系。从理论上来讲，一个合乎国情的农业技术结构的最显著特征是同本国农业资源禀赋相适应，农业技术进步应使丰裕的生产要素得到充分利用，稀缺的生产要素得到补充和替代。要素稀缺导致要素价格变化，要素价格的变化导致技术进步的变化，实现廉价的（丰富的）投入品对昂贵的（稀缺的）投入品的必要替代。例如，在劳动力稀缺的经济中，劳动价格相对昂贵将会引起用机器替代劳动的技术变革趋势的出现；在土地稀缺的经济中，土地价格相对昂贵将会引诱用更多的劳动、化肥、良种等投入代替土地的技术变革倾向的发生。但在传统农业中，诱导的技术变革可能会受到体制的阻碍。因而，为适应传统农业转变，政府农业科研与推广体系的建立、农业适用技术的提供是十分必要的。

4. 农民人力资本投资的加强

人力资本是农业经济增长的主要源泉。改造传统农业需要投入很多现代的生产要素，相对于各种现代的物质生产要素来说，人力资本占有越来越重要的地位。这是因为不管多么现代的农业生产要素，也需要人来掌握和培植，并且农民是逐渐减少的，农业生产效率的提高必须靠对农民人力资本投资的增加。农业中的人力资本像各种物质资本一样是被生产出来的，但人力资本需要长期的投资积累，并具有滞后性、流失性和外溢性等特征。由于农业比较效益低下，高素质农业劳动力具有向非农产业转移的强烈倾向。但传统农业的改造对农业劳动力的素质要求越来越高，因而农民人力资本的投资就变得更加重要。

二、农业现代化特征与主要内容

(一) 农业现代化的基本内涵

"农业现代化是各国现代化的重要组成部分,发达国家的农业现代化经验对我国农业现代化发展有着十分重要的借鉴意义,在探索我国农业现代化发展道路过程中,我们既要立足国情又要借鉴国外的积极经验。"[①] 农业现代化就是用现代科学技术和生产手段装备农业,以先进的科学方法组织和管理农业,提高农业生产者的文化、技术素质,把落后的传统农业逐步改造成为既具有高度生产力水平,又能保持和提高环境质量的持续发展的现代农业的过程。对于农业现代化,可以从以下方面去把握内涵:

1. 农业现代化是从传统农业向现代农业转变的过程

(1) 农业现代化是从直观经验和手工工具为基础的传统农业转变为以现代科学技术、生产资料和经营管理方法为基础的农业过程。因此,农业现代化的内容主要包括机械化、电气化、化学化、水利化、良种化、土壤改良等。其中,尤以农业机械化和良种化最为重要,农业现代化的物质技术基础正是由这两者奠定的。

(2) 农业现代化是从自给自足农业向商品农业转变和商品农业大发展的过程。具体地说,它要经历农民商品意识的提高、商品农业的初步形成、无序市场向有序市场的转变,以及商品农业大发展等过程。因此,农业现代化是一个农业生产率不断提高和农业市场发展的过程。

2. 农业现代化是农业减负和保护程度不断提高的过程

在经济发展的初级阶段,农业承担着为国家工业化提供资本原始积累的重任,农业扩大再生产的能力有限,甚至难以实现扩大再生产。农业中虽然有现代生产要素的投入,但发展非常缓慢。只有当国家的工业化基本实现以后,国家由负保护的农业政策转变为正保护的农业政策,农业具备了自我发展的条件和能力,并且国家出于对整个社会利益的维护不断增加对农业的投入。农业现代化水平的提升过程,就是国家农业发展战略转变的过程,特别是对农业保护程度不断提高、完善并走向科学化的过程。

---

① 李晓华、张仙琴:《从国外农业现代化的经验看我国农业现代化发展战略》,载《安徽文学(下半月)》2009年7期,第383页。

（二）农业现代化的基本特征

1. 农业现代化实现过程的动态性

从传统农业到现代农业的转变即农业现代化并不是一朝一夕就可以实现的，是一个长期动态变化的过程。人类社会是不断向前发展的，在不同发展阶段上，由于现代化的动力和源泉的变化，农业现代化的内容和标准也必然有所差别。在20世纪五六十年代，农业现代化主要强调的是农业的机械化、电气化、水利化和化学化；在20世纪七八十年代，农业现代化主要强调的是农业生产技术的现代化、农业生产手段的现代化和农业经营管理的现代化；在20世纪90年代以后，在原有农业现代化内容的基础上，农业的可持续发展已经成为农业现代化不可缺少的内容；进入21世纪以后，农业现代化又增添了农业标准化和信息化的内容。可见，随着社会经济的进步，农业现代化是不断发展变化的。

2. 农业现代化内容的广泛性

农业现代化建设不仅是农业生产过程的现代化，而且包括农业生产手段、农业产出水平和农业调控机制实现现代化；农业现代化不仅要求农业内部各主要环节实现现代化，也要体现在农民生活、农村社会和环境建设等支撑环境实现现代化。由此可见，农业现代化建设内容有着突出的广泛性特征。

3. 农业现代化的地域性和阶段性

所谓农业现代化的地域性，是指农业现代化的具体内容和标准在不同的国家和地区存在差异。这主要是自然条件和社会经济基础的差异造成的。美国的农业现代化之所以首先是从提高劳动生产率的农业机械化开始的，是因为美国土地资源十分丰富，而劳动力资源相对不足。日本的农业现代化首先是从提高土地生产率的良种化、化学化开始的，原因在于日本土地相对稀缺，而劳动力相对充足。当然美国和日本的农业现代化随着社会经济的发展，其提高土地生产率和劳动生产率的技术手段也分别得到了相应的发展。中国地域辽阔，各地的经济发展水平和自然条件差别巨大，这就决定了各地农业现代化必须充分考虑本地的自然经济特点。

4. 农业现代化的历史继承性

农业现代化是由传统农业向现代农业转化的过程，所以现代农业作为对传统农业扬弃的产物，具有深刻的历史继承性。农业现代化的内容随着社会经济的发展和科学技术的进步，不断增加新的理念和内容，但不是对传统农业的全面否定。在农牧结合、在处理人与自然的关系等方面，传统农业有很多值得总结的经验和吸取的精华。

（三）农业现代化的主要内容

1. 生产条件现代化

生产条件现代化即用现代工业来武装农业，实现机械化、电气化、水利化、化学化、良种化、设施化（工厂化）等。机械化和电气化是非生命动力源泉对有生命动力源泉——人力、畜力的替代，它不仅解放了力、人畜力，而且成倍数地扩大了农业劳动力对土地等自然资源的利用率，极大地提高了农业劳动生产率。农业用地总的趋势是逐步减少，而工业化和城市化发展的结果是农业用水份额逐步下降，要提高土地生产率必须通过水利化提高农业水资源的利用率。化学化主要表现为化肥、农药、兽药、除草剂、添加剂、塑料薄膜的广泛应用，这些工业物质应用到农业以后，极大地提高了动植物产品的产量和品质。农业良种必须由专门的种子公司或科研机构来提供，它成为农民在生产决策之前必须考虑的重要问题之一，对于提高动植物的产量和改善品质起到决定性的作用。通过现代化温室和畜禽圈舍的建设，减少了自然环境对农业的影响，提高了人类对农业自然环境的控制能力。因此，生产条件的现代化成为农业现代化的物质基础。

2. 生产技术现代化

生产技术现代化即用现代科学技术武装农业，在农业生产上广泛采用农业机械和电子信息技术、生物技术、化学技术、耕作与栽培技术以及饲养技术等，包括不断培育出性能更高的优良品种，建立并不断改进高产、优质、省工、节本的饲养技术体系，逐步实现生育进程模式化、诊断测试仪表化、农艺技术规范化。生产技术现代化是农业现代化的关键，因为提高土地产出率、资源转化率以及农业生产的经济效益，最根本的还是要靠农业生产的技术进步。农业现代化的核心内容就是不断地用现代生产要素替代传统的生产要素，事实上农业现代化是现代科学技术在农业生产领域的扩散过程，现代科学技术在农业生产领域应用得越广泛，现代化的程度就越高。

3. 经营管理现代化

经营管理现代化即用科学方法管理农业。生产手段和生产技术的现代化必然要求经营管理的现代化，如果经营管理方式滞后，必然阻碍生产的发展，影响整个农业现代化进程。因为农业生产的经营管理涉及农业的产前、产中、产后各个方面，经营管理不善，必然影响农业的投入产出率和市场化进程。经营管理的现代化可以在不增加投入或少增加投入的情况下，使各种生产要素得到更科学合理的配置，提高农业的投入产出效率；通过市场信息的收集分析，选择生产投资项目和产品，寻找良好的销售时机、销售地点和销售对象，做到丰产丰收。

4. 集约化、可持续化

为了解决土地面积有限性和人类对农产品需求不断增长的矛盾，现代农业必须走集约化经营的道路。在科学技术没有进步的条件下，集约化经营会产生两个方面的问题：①随着投入物的不断增加，可能会带来收益的递减；②投入物的不断增加肯定增加生态环境的负担，甚至会造成恶化。因此，农业集约化必须建立在农业科学技术不断进步的条件下，通过科学技术创新提高农业投入要素的性能和配比，建立不断优化的农业投入产出系统，在实现农业高效率的同时，保护环境和自然资源的永续利用，即保持农业的可持续发展。

5. 商品化、专业化、社会化

商品化、专业化、社会化是同等程度的概念，农业现代化是以农业商品经济为纽带的，是社会分工和社会协作相结合的社会化大生产，而产品的商品化则是农业社会化、专业化的体现，是农业生产力向更高层次发展的必然结果。商品生产以社会分工为前提，商品生产又要求不断提高劳动生产率，这就推动社会内部和农业内部社会分工越来越细，要求农业实行专业化。生产专业化势必带来生产的社会化，因为实行专业化生产，使生产过程的各个环节相互联系愈加密切，这就要求社会提供产前、产中、产后服务。社会化服务程度越高，专业化生产越发达。可见，商品化、专业化、社会化是一体的，三者相互作用，互相促进。因此，要实现农业现代化，建立完善的市场体系，促进农业的社会化、专业化、商品化是必然选择。

6. 标准化、信息化

农业标准化包括农业标准的制定与修订、发布与实施以及对实施过程的监督活动的全过程。因此，农业标准化是在统一、简化、协调、优选的原则指导下，对农业的产前、产中和产后的全部活动，组织制定与修订标准、发布与实施标准以及对农业标准的实施进行监督的一系列活动过程。通过这一活动过程，促进先进的农业科技成果和经验的迅速推广，确保农产品的质量和安全，促进农产品的流通，规范农产品市场秩序，指导生产，引导消费，从而取得良好的经济、社会和生态效益，以达到提高农业竞争力的目的。

农业信息化是指利用现代信息技术和信息系统为农业产供销及相关的管理和服务提供

有效的信息支持，并提高农业综合生产力和经营管理效率的农业现代化过程。农业信息化即在农业领域全面地发展和应用现代信息技术，使之渗透到农业生产、市场、消费以及农村社会、经济、技术等各个具体环节，加速传统农业改造，大幅度地提高农业生产效率和农业生产力水平，促进农业持续、稳定、高效发展的过程。进入21世纪以后，农业标准化和农业信息化的程度如何，成为农业是否现代化的标志和关键。

三、农业现代化发展战略

（一）农业现代化的战略目标

1. 建设一个发达的有市场竞争力的农业

随着人口的增长和人们生活水平的提高，社会对农产品需求的量将不断增长，对质的要求将越来越高，而农民增加农产品供给、提高农产品质量都是为了经济收益，因此三者必须结合起来，即建成一个高产、优质、高效的农业。在中国加入WTO以后，随着农产品贸易自由化的推进，中国的农业将面临越来越激烈的国际竞争，因此中国农业现代化的推进必须有利于农业国际市场竞争力的提高。

2. 建设一个富裕的农村，提高农民收入水平

农业现代化必须使农民日益富裕起来，使农民的物质生活和文化生活不断改善，达到较富裕的水平。为此，农业现代化建设必须同建设富裕文明的新农村结合起来，全面地发展农村经济，增加农民的收入，提高农民的文化水平，不断地缩小城乡差别和工农差别。

3. 建设一个良好的生态环境

随着农业现代化的推进，农业集约化水平也将逐步提高，必然会对环境造成更大的压力，而环境的好坏决定着农业能否可持续发展。中国农业资源约束偏紧，环境污染严重，生态系统退化，发展与人口资源环境之间的矛盾日益突出，已成为经济社会可持续发展的重大瓶颈制约，因而农业现代化必须维持一个良好的生态环境。

（二）农业现代化进程评价指标体系

各国农业现代化的标准是不同的，因而对农业现代化也就难以形成共同的衡量指标，不过各国、各地区的农业现代化总是存在着许多共同之处，使我们能够构建一个指标体系来大体地评价农业现代化的实现程度。

第一，反映农业发达程度的指标。反映农业发达程度的指标包括：①农业生产条件（农民人均拥有的耕地资源、水利化程度）；②农业投入水平（农机动力水平、电力水平）；③农业生产力水平（土地综合生产率、农业劳动生产率、农业商品化程度）；④经济结构（农业增加值比重、农业从业人员比重、城市化水平）；⑤农业科技进步贡献率。

第二，反映农民富裕程度的指标。反映农民富裕程度的指标包括：①农民的收入水平；②恩格尔系数。

第三，反映农村环境好坏的指标。反映农村环境好坏的指标包括：①森林覆盖率；②水土流失程度；③土壤有机质含量；④农业用地污染程度；⑤自然灾害成灾率。

（三）农业现代化发展战略的实施

1. 工业化战略

尽管农业的发展水平首先要受到本国资源禀赋的影响，但农业现代化的发展水平关键取决于一国工业化的发展程度。因为工业化以复杂的方式影响农业现代化的发展，工业化不仅可以增加对农业的化学、生物、机械、能源、通信信息以及科学技术等现代生产要素的供给，而且还可以吸纳农业剩余劳动力，增加对农产品的需求。如果一个国家的工业化采取的是以资本品工业（特别是重工业）为主的发展战略，将不利于对农业剩余劳动力的吸纳，也就不利于农业劳动生产率的提高；如果一个国家的工业化是从消费品工业化开始的，不仅有助于吸纳农业剩余劳动力，而且有助于推进农产品加工业的发展，扩大农产品的市场，增加农业自身的积累。

2. 城市化战略

城市化发展有利于加速农业现代化进程。推进城市化对农业现代化和农村发展的促进作用主要表现在以下方面：

（1）在城市地区，收入一般上升很快，这就促使对农产品如牛奶和蔬菜的需求迅速扩大。由于这些产品是劳动密集型的，农业就能够在不增加农场土地面积的情况下扩大生产，无论是就总量还是就单个农场而言都是如此。以这种方式扩大农场的生产活动直接地增加了收入。也由于城市就业机会增加，实际上在一定程度上减少农村人口，为农场规模的扩大和收入的进一步提高提供了可能性。

（2）城市化可以提高资本的使用效率，进而有助于农场的扩张和现代化。农村人口在城市寻找工作，并经常把收入寄回农村家里，或者在许多情况下继续做一名兼业农民。市场条件的改善增加了农民收入，为资本积累提供了更坚实的基础。

（3）城市中心为普及教育、增加旅游交往提供了机会，使农村人口更多地接触到新事物、新概念，拓宽了农民的活动面，使他们更容易接受新的变化。

（4）城市为农村提供了范围广泛、日益增加的各种工业消费品，刺激了农业生产的发展。这就为农业发展提供了有利的环境，通过一种特定的努力为促进城市周围的农村地区的发展指明了一条理想的途径。

3. 市场化战略

现代农业是在市场经济高度发达的基础上产生和发展起来的，因而是一种市场化农业。随着工业化和城市化的推进，现代工业的大发展为农业生产率的提高提供了极大的可能性，从而为农业生产和经营的市场化打下了坚实的基础。与传统农业不同的是，在现代农业阶段，进入农业交换领域的，除了农业的最终产品及各种农产品以外，还有各种中间产品、劳务和消费品以及其他各种农业生产要素，包括各种农业机械、化学肥料、农用化学品、良种以及各种服务等，形成了农产品市场与要素市场共同发展的景象。

现代农业是一种市场化农业，这不仅表现在国内农业生产及其关联产业的高度发展上，而且表现在现代农业的外向型上。换言之，现代农业赖以运作的市场基础不仅包括了国内市场，而且也包括了国外市场。现代农业已经发展成为深深卷入世界农业生产体系和交换体系的农业。它既不是单纯的出口农业，也不是单纯的进口农业，而是在社会生产力高度发展、居民消费达到很高水平情况下形成、实行资源配置全球化的现代化大农业。这种农业以农产品的高度商品化为前提，以合理的国际分工和国际专业化为依据，是一种国内市场与国外市场高度一体化的开放型农业。它表现为国内外农产品大规模交叉流动，农业生产卷入了具有相对稳定的国际分工格局之中，农产品和农业市场的国家化达到了很高的程度。在市场化的基础上来配置各种农业资源，才使得农业现代化建立在经济可行和可持续的基础之上。

4. 农业保护战略

农业本身所固有的一系列特征和弱点，要求政府在经济发展达到较高水平以后，要实施农业保护政策。农业保护政策的大目标是要解决农业的公平性发展与外部性问题，因而必然会带来效率的损失。乌拉圭回合之前发达国家的农业保护政策以农产品价格保护政策为核心，这种政策不仅带来了资源配置的扭曲，政策成本增加和效率降低，而且还带来了新的不公平问题。因而正如乌拉圭回合农业协议所规定的那样，这类黄箱政策要削减和限制使用。对农业实行保护政策是经济发展到一定阶段以后的必然要求和选择，然而农业政策手段的选择在解决农业公平发展和外部性的同时，必须考虑尽量减少农业保护政策为实现公平目标所引起的效率损失。这样的农业政策就是以绿箱政策为主的农业政策组合。这类政策在促进农业现代化实现的同时，不仅降低了农业保护政策的成本，而且也有利于提高农业的市场竞争力。

5. 可持续发展战略

在市场经济条件下，随着农业现代化的推进，不仅农民之间和农民与非农产业人员之间的收入差距会扩大，而且由于农业集约化程度的提高，农业发展所面临的环境问题会变得更为尖锐。也就是农业现代化必须坚持经济、社会和环境可持续发展的战略。农业现代化过程中的经济问题主要靠市场来解决，而社会和环境问题则主要靠政府的政策来解决，但市场和政府的政策不是截然分离的，而是需要相互配合，互为前提。

第七章 农业可持续发展与生态农业

第一节 农业可持续发展及其影响因素

"农业可持续发展是当今世界农业发展的主流。"[①] 农业可持续发展的内涵是在满足当代人需要，又不损害后代满足其需要的发展条件下，采用不会耗尽资源或危害环境的生产方式，实行技术变革和机制性改革，减少农业生产对环境的破坏，维护土地、水、生物、环境不退化、技术运用适当、经济上可行以及社会可接受的农业发展战略。不造成环境退化是指希望人类与自然之间、社会与自然环境之间达到和谐，建立一种非对抗性、破坏性关系；技术上运用适当是指生态经济系统的合理化并不主要依靠高新技术，而以最为适用、合理的技术为导向；经济上可行是指要控制投入成本，提高经济效益，避免国家财政难以维持和农民难以承受的局面；能够被社会接受则是指生态环境变化、技术革新所引起的社会震荡，应当控制在可以承受的范围内。

一、农业可持续发展的基本特征

（一）经济持续性

经济持续性主要关注农业生产者的长期利益。其中一个重要问题就是产量的持续性。土地退化和其他环境问题将改变作物的生长条件，从而影响产量。可见这种持续性的经济关注与生态关注是联系在一起的，但这里着眼未来生产率和产量，而不是自然资源本身。经济持续性的另一个重要方面是农业经营的经济表现和可获利性。在市场经济中，由于农产品价格相对低下、产量减少、生产成本上升等原因而不能创造足够利润的农场是不能自我持续的。因此，农业要持续，就必须使生产者有利可图。实际上农业的经济持续性是与其生态持续性紧密联系的，如土地退化是生态问题，但其后果显然会在经济上反映出来。

[①] 王晓燕：《新时期辽宁农业可持续发展的几点思考》，载《农业技术与装备》2022 年 1 期，第 74 页。

（二）社会持续性

持续性的社会方面强调满足人类基本的需要（食、住、衣等）和较高层次的社会文化需求（如教育、就业、娱乐、平等、安全等）。持续不断地提供充足而可靠的农产品（特别是粮食）以满足社会需求，这是持续农业的一个主要目标。在发展中国家，较为迫切的要求常常是解决温饱、避免饥荒，这就是所谓食物充足性问题和承载能力问题；在发达国家，满足需要一般意味着提供既充分又多样的农产品以满足消费需求和偏好，并确保安全可靠的供给。粮食自给问题已引起各国普遍重视，它意味着不仅要生产出足够的粮食来满足要求，而且意味着粮食供应要立足于国内已有的或潜在的生产能力，以降低国际市场上供求不确定性或价格冲击带来的风险。而更多的注意力则集中在长期食物充足性上，持续的食物生产系统必须跟上不断增长的需求。由于人口继续增长和欠发达国家人均收入的不断改善，对未来农产品的需求不可避免地要大大增长。

（三）生态持续性

生态持续性主要关注于生物—自然过程以及生态系统的永续生产力和功能。长期的生态持续性要求维护资源基础的质量，维护其生产能力，尤其是维持土地的产量。生态持续性还要求保护自然条件，特别是保护农业自然条件、基因资源和生物多样性。当代农业的显著特点就是频繁耕耘、集约单一种植、高能源、高密集投入，这已造成土壤侵蚀、养分流失、土壤板结、土壤污染等严重问题，损害着土地资源的生产能力。这种农业是不能长期持续的。

二、农业可持续发展的影响因素

农业可持续发展是一种多要素、全方位、综合的发展，它不仅取决于经济因素，而且取决于与经济因素有密切联系的非经济因素，涉及人口、教育、自然资源、环境、技术进步和制度等多种因素。

（一）人口与农业可持续发展

1. 人口增长对资源、环境的压力

从资源方面来看，人口过多，必然造成对资源的过度需求，导致资源过度消耗，从而加重资源危机。人均资源量的进一步降低，将使农业资源负担过重，工业资源供给不足，必然削弱人均产出的提高和可持续发展的能力。从环境方面来看，人口过多将增加对资源的利用强度，对生态系统造成破坏，为满足人口群体生产和消费的增加，土地沙漠化、森

林和草场的破坏、温室效应等随之而来。人口增长过快,使得发展中国家的农业剩余劳动力问题更为严重,进而会加速人口的聚集和迁移,从而引起城市化质量下降、失业增加、治安混乱等一系列社会问题。

2. 人力资本积累与农业可持续发展

过快的人口增长将不利于农业的可持续发展。适度人口是使社会发挥最大效率的人口。其含义主要是:人口再生产实现最低限度的扩大,生育受到控制,人口结构得到协调,人口寿命得到延长,人口素质不断提高。人口是一定数量和一定质量的统一体。对于农业的可持续发展来说,在控制人口数量的同时,关键在于提高人口的质量。因为随着社会的发展和农业现代化的推进,农业劳动力会不断减少,但现代农业对农业劳动力素质的要求不断提高,因而增加人力资本积累,对于农业的可持续发展至关重要。

人力资本是体现于人自身上的各种知识、技能及体力的存量。人力资本积累通过人力资本投资形成。这种投资包括正规学校教育、职业培训、医疗保健、迁移等多种形式,其中教育是人力资本投资中最重要的部分。人力资本是实现农业可持续发展的主要动力和决定因素。

人力资本积累能提高自然资源的利用效率。人力资本的提高,将通过劳动者技能水平的提高来增进物质资本和自然资源的使用效率,节约自然资源和物质资本,使农业的可持续发展成为可能。人力资本与其他农业生产要素相结合,能使农业经济产生递增收益,这是人力资本所包含的生产能力。人力资本的配置能力为农业可持续发展提供了理论上的保证和实践上的可能性。面对环境污染、不可再生资源耗竭等难题,促进人力资本的积累,将提高人们进行农业可持续发展的意识和能力。

人力资本积累有利于改善人们的收入分配状况。造成农民贫穷的主要原因不是所占有土地的多少,而是人力资本积累太少。提高人力资本积累水平,是提高农民收入,改变人们收入分配状况的最根本性措施。这是由于:①人力资本的收益率大大高于物质资本的收益率,使国民收入中资产所贡献的份额减少,劳动贡献的份额增加;②人力资本积累的途径较多,在人群间的分配要比物质资本或现有资产的分配更为平等;③人力资本的提高有利于农业劳动力脱离农业,减轻农业人口对自然资源的压力。

(二) 自然资源与农业可持续发展

自然资源是指一切能为人类提供生存、发展、享受的自然物质与自然条件,如土地资源、水资源、矿产资源等,它们是生产的原料来源和布局场所。对于农业生产来说,自然资源更为重要。但农业中的自然资源如土地、水等,呈现出越来越明显的有限性或稀少性，并且质量在不断地恶化。自然资源是农业发展的基本因素。随着人口的增加和人们生活水平的提高，社会需要更多的农产品，迫使人们要提高对自然资源的利用强度，这就构成了自然资源与农业可持续发展的矛盾冲突。

1. 自然资源的利用是农业可持续发展的基础

农业可持续发展的本质是人类社会自身的永续生存和发展，农业自然资源的利用不能只顾及当代人的利益，还必须关注后代人发展的需要。自然资源支持着自身及人类的持续发展，其承载力预示着世界及各国人口的规模，也制约着人类经济社会结构的规模。如果没有自然资源系统的持续发展，也就没有农业的可持续发展，那么人类的可持续发展也就成为一句空话。

2. 实现农业可持续发展的自然资源利用原则

如何实现自然资源的可持续利用，是农业可持续发展的关键之所在。在农业现代化的发展过程中，人们在不断努力获得外部资源的同时，在人类社会有意义的时间和空间尺度上，就自然资源的数量和质量的总体水平而言，农业利用自然资源的选择空间不断缩小。这就要求我们在农业现代化发展过程中，要遵循以下原则：

（1）最低安全标准原则。最低安全标准是鉴于生态供给具有阈值以及生态系统的不可逆性，为实现资源的可持续利用而提出的一个概念。在生态供给阈值以内，生态系统或可再生资源具有自净和恢复能力，使人类可以持续利用。然而，一旦持续超过这个阈值，则生态系统或可再生资源的净化或吸收能力将萎缩或丧失，造成永久的损失，以至于人类必须支付一定的额外费用，才能补偿其不良后果。生态供给阈值是维持生态功能持续性的最低存量水平。许多重要资源，如森林、河流、湖泊、土壤等都存在生态阈值。因而，农业生产的发展不能超过生态供给阈值，这样才能保证农业的可持续发展。

（2）公平性原则。农业可持续发展的公平性原则，不仅要求自然资源利用的代际公平，而且还要求实现代内公平。代际公平就是在农业开发利用自然资源时，不仅要考虑当代人的利益，而且必须兼顾后代人的需求，使后代人不至于丧失与当代人平等的发展机会。在涉及代际问题时，应将代际公平视为对可供选择的可行方案的约束条件，必须对传给下一代的资源基础的质量加以保护。代内公平一般指国家范围内的同代人的公平，即公平分配有限资源，特别是土地资源。当今世界的现实是，一部分人富足而大部分人则处于相对贫困甚至绝对贫困的状态，特别是农村人口与城市人口收入差距较大，贫困人口主要在农村。这种贫富悬殊、两极分化的世界，是不可能实现可持续发展的。因此，要给世界以公平的分配和发展权，把贫困作为农业可持续发展进程优先解决的问题来考虑。

（三）环境与农业可持续发展

环境是指与人类密切相关、影响人类生活和生产、在自然或人类作用下形成的物质和能量及其相互作用的总和。它主要包括生态系统以及人们对之作用而产生的各种依存关系。环境一方面是人类生存和发展的物质基础和空间条件，另一方面又承受着人类活动产生的废弃物质和其他种种结果。工业化、城市化和农业现代化的发展，使农业所面临的环境越来越恶化，农业的可持续发展受到了严峻的挑战。

1. 环境问题的特性

（1）环境问题与农业可持续发展紧密相关。环境对农业可持续发展具有推动和制约的双重性，二者既对立又统一。

（2）环境问题具有传递性。它可以从城市向农村、从工业到农业、从发达地区到不发达地区、从流域上游向下游转移和相互影响。因而除了农业以外，还需要各行业、各地区、整个国家，甚至整个世界采取共同的行动。

（3）环境污染往往具有累积性，呈指数式发展。一开始人们可能并不在意，但随着污染的不断积累，环境危机将以突发形式出现，从而导致严重的环境压力。因此，应运用环境教育、科学知识普及等手段来提高人们的环境意识，使人们自觉地保护环境。

（4）环境问题的外部性。人们在对环境造成损害后，将对社会和他人造成损害。人们改善环境后，社会和其他的人也会从中受益，行善者也没有获得全部收益。这说明在市场经济条件下环境问题会失灵，政府适度调控成为必要。

2. 实现农业可持续发展的环境保护思路

（1）产权管理思路。其主要特征是将产权同外部性联系起来，强调市场机制的作用，认为可能在不需要政府干预的情况下，通过产权明晰和协调各方的利益或讨价还价过程而使外部成本内部化。当存在外部性问题时，只要交易成本为零，而且产权是明确的，那么不论谁拥有产权，通过市场都可以使资源得到同样有效的配置。这样一种思路有利于环境保护。但产权管理的思路在实践中存在着许多问题，使其优化机制难以全面发挥。这是因为：①农业许多环境和自然资源的产权难以确定。产权明确是进行交易和形成市场的必要前提，但农业中的许多河流、湖泊、海洋等的产权难以明确。即使名义上明确了产权，实际上仍然无法消除外部性。②交易成本过高。如在上面的例子中，如果受害数目众多，且受害程度不一，即使明确了产权关系，也可能使得污染者与受害者之间的交易成本变高，以至于对全社会福利没有好处而无法实施产权的优化管理。③环境信息的不对称和讨价还价过程中的非合作博弈，也可能导致通过产权管理的途径达不到帕累托最优水平。

（2）国家干预思路。许多公共资源根本不可能做到明确产权，市场对环境问题是失灵的，因而主张政府以非市场途径对环境资源利用进行直接干预。对环境问题即使可能做到明确产权，但除了当代人，其他受害者也无法维护自身的利益。这是因为环境污染和生态破坏往往具有长期影响，会损害后代人的利益。从可持续的原则出发，后代人对今天的环境与生态资源无疑有一定的权利，而在发生涉及后代人权益的环境问题时，唯一可行的办法就是，由政府充当后代人的代表，并通过国家干预来保护后代人的权益。然而并非在任何条件下国家干预都优于市场机制，而且国家干预也需要成本。政府干预虽然可以严格地确定环境标准，但不可避免地也存在着一些缺点：①它可能妨碍了市场的运作而引起效率的损失；②由于存在信息不足或不对称，政策实施的时滞，公共决策的局限性和寻租活动等问题，有时就不可避免地导致政府环境政策失灵。

（四）技术进步与农业可持续发展

技术进步对提高农业可持续发展的能力起着至关重要的作用。这是因为技术进步提高了人们利用资源的效率和能力，提高了人力资源的质量，提高了现代的生物技术、信息技术和环境保护技术，也极大地提高了农业资源的利用率。技术进步与农业可持续发展的关系如下：

第一，农业不可持续的根本原因之一是科学技术落后。低下的技术水平导致了落后的农业生产方式，使自然资源过度消耗或利用效率低下，生态环境遭到破坏，环境问题增多。

第二，农业可持续发展必须依靠科技进步。技术进步有利于人们更好地认识和解决农业可持续发展过程中所遇到的环境等问题。

第三，某些技术进步可能产生负效应，不利于农业的可持续发展。如农药、化肥、塑料薄膜等现代投入要素的使用，在提高农业产量的同时，也带来了环境污染等问题。当然，这些问题的解决也有赖于科学技术的进步。

第四，技术进步是农业可持续发展的源泉，但它只是必要条件而非充分条件。要使技术得到广泛有效的利用，并使技术本身的进步得到充分的激励，还必须进行产权、政策等制度方面的创新。

第二节　中国特色生态农业的内涵与特征

一、生态农业的提出与中国特色生态农业的内涵

（一）生态农业的提出

生态农业是指在尽量减少人工管理的条件下进行农业生产，保护土壤肥力和生物种群的多样性，控制土壤侵蚀，少用或不用化肥农药，减轻环境压力，实现持久性发展。可见，西方生态农业的基本内容与有机农业基本一致，都是模仿自然生态系统进行生产，更多地强调降低化学能的投入原则，把农业生态系统的平衡，以及维持和保证资源环境的持续性放在首位。

西方生态农业是针对现代农业投资大、能耗高、污染严重、破坏生态环境等弊端，从保护资源和环境的角度提出的。西方生态农业运用生态学原理，注重维持和恢复农业再生产的基本条件，注重追求生态效益，着眼于环境保护与农产品质量的提高，维持和保护资源环境的持续性，而不强调经济活动的目的是满足人类对农产品的需求。在技术措施方面，西方生态农业完全排斥或基本不用化肥、农药、植物生长调节剂和牲畜饲料添加剂，强调动植物的健康决定于土壤肥料等，主张尽量依靠作物秸秆还田，施用有机肥和绿肥，种植豆科作物等维持地力，主张用生物防治的办法防治病虫害。西方生态农业具有降低能量消耗、改善生态环境、保护自然资源、提高食物质量等特色和优点。但同时也存在一些不利的方面，如产量下降、病虫害危害加重、经济效益降低、收入减少等，这些缺点使其推广遇到了许多障碍。

（二）中国特色生态农业的内涵

严格地讲，中国的生态农业并不是从发达国家引入的，而是在中国古老传统农业的基础上发展起来的农业生产模式。中国生态农业模式多样，内容丰富，其内涵、外延远远超出国外的生态农业，如南方的水旱结合、农渔结合的桑基鱼塘生态农业，北方的农林牧渔结合的多维多元生态农业，以利用各种自然资源为重点的立体种植生态农业，物能多极转化利用的生态农业等形式，都是依据当地农业资源优势发展起来的具有地域特点的生态农业模式。

生态农业就是从系统的思想出发，按照生态学原理、经济学原理和生态经济学原理，

运用现代科学技术成果和现代管理手段以及传统农业的有效经验建立起来，以期获得较高的经济效益、生态效益和社会效益的现代化的农业发展模式。简单地说，就是遵循生态经济学规律进行经营和管理的集约化农业体系。

二、东西方生态农业的比较与中国生态农业的特征

（一）东西方生态农业的比较

1. 生态农业的内涵与外延不同

西方的生态农业是在现代农业造成环境污染、资源短缺、效益下降的背景下，作为一种替代农业模式而产生的，故他们将生态农业定义为生态上能自我维持，低输入，经济上有生命力，在环境、伦理和审美方面可接受的小型农业，他们反对化学物的投入。而中国的生态农业是集传统农业与现代农业之优点，利用生物和自然协调发展起来的农业新模式，在技术上并不反对化肥、农药的使用，而是强调因地制宜，科学、合理、高效率地投入，并重视环境生态工程建设，重视农田生态工程与技术以及信息方面的投入，具有中国传统农业中使有机肥投入和技术密集结合起来的特征。这种中西合璧的生态农业观点，是对西方生态农业在概念和内涵上的一种补充和完善。在范围上，中国的生态农业不像西方生态农业仅限于种植业和农场规模，而是立足于全部国土，进行全方位的资源开发与保护，通过从大农业系统结构调整入手，是对整个农业系统的改造。中国生态农业从效益出发，已从村级规模向乡、县级规模发展。

2. 生态农业的模式与追求目标不同

中国生态农业模式的多样性，从根本上改变了西方国家单一的环境保护型的生态农业模式。西方生态农业模式单一，组成简单，是仅以作物生产系统结合小规模饲养动物组成的农业生态系统。而中国的生态农业提倡农、林、牧、渔、加工、菌、沼气多维开发，使物质循环利用，能量多极转化，大大提高了生态农业的生态效益和经济效益，与生产者的利益直接挂钩。西方生态农业追求的目标是生产无污染的生态食品。中国生态农业追求的目标不仅限于产品质量与生态环境保护，还重视产品的产量，并要求与农民脱贫致富目标相结合，在资源保护的同时，要求把潜在资源优势转化为经济优势和商品优势，实现经济发展与环境保护并重。

3. 生态农业的理论基础和技术体系不同

西方生态农业缺乏系统的理论基础，生产技术尚无大的突破。而中国的生态农业，在生产原理和技术体系方面有新的发展。在生产原理方面，综合运用了生态农业的整体效应

原理、边际效应原理、充实生态位原理、生物互利共生原理、种群相居而安原理、动态演替导向原理、强化生物学过程原理、强化内部循环原理、优化结构、提高投入效益原理和区域化生态建设原理等，建立了完整的理论基础。在技术体系方面，也研究总结出一套具有可操作性的配套技术，如通过系统的加环或减环技术，有效地提高生态农业的生产效益；通过农业环境系统结构、农业生物、系统输入等方面的控制，增强生态农业的稳定性；通过调整人类的食物结构，刺激农业生产，增强生态农业的目标性等，丰富了生态农业的内涵。中国生态农业重视挖掘传统农业技术，但并不意味着简单的回归，它与常规农业一样，追求高产、优质、高效的目标，强调产品数量与规模，重视现代管理与新技术的应用，但避免后者忽视生态环境保护的弱点。

（二）中国生态农业的特征

中国特色的生态农业与西方的生态农业有很大的差别，其特征表现在以下方面：

第一，中国特色的生态农业建立在可更新资源基础之上，与当地农业环境资源组合相适应。既充分合理利用资源，发展生产，又能保护增值自然资源，使资源得以永续利用。

第二，中国特色的生态农业以一业为主，多业结合，全面发展。农、林、牧、渔、加工各业之间相互协调，相互促进，以实现系统整体的多功能、高效率。

第三，中国特色的生态农业利用共生相养，合理配置农业植物、动物、微生物，实行立体种植、混合喂养、结构合理的立体农业，使有限的空间、水、土、光、热资源得到充分利用，达到较高的光能利用率和生物能转换率。

第四，中国特色的生态农业循环利用废物，使农业有机废弃物资源化，增加产品产出。开展以生物防治为主的综合防治，控制杂草和病虫害。以农家肥、绿肥等有机肥为主，合理施用化肥，既要增产，又要提高经济效益。

第五，中国特色的生态农业充分利用现代的科学技术，特别是生物技术，并且与传统农业实用技术相结合。

第六，中国特色的生态农业以内部调控为主，外部调控为辅。重视自我调节作用，采用人工调节与自然调节相结合的措施，维持系统的稳定性。

第七，中国特色的生态农业强调全面规划，兼顾社会、经济和生态三大效益。

中国特色的生态农业的特征表明，它符合自然界的发展规律，并能较好地协调经济发展与环境保护之间的矛盾，是中国农业实现可持续发展的一种战略选择。

第三节　生态文明型的农业可持续发展路径探索

一、生态文明型的现代农业新内涵

（一）生态文明型的现代农业特征

1. 生产效益型的集约化农业

集约化农业是把一定数量的劳动力和生产资料，集中投入较少的土地上，采用集约型经营方式进行生产的农业，从单位面积土地上获得更多的农产品，不断提高土地生产率和劳动生产率。由粗放型经营向集约型经营转化，是农业生产发展的客观规律。集约化农业具体表现为大力进行农田基本建设、发展灌溉、增施肥料、改造中低产田、采用农业新技术、推广优良品种、扩大经营规模和实行机械化作业等。

2. 资源节约型的循环农业

循环农业是运用物质循环再生原理和物质多层次利用技术，在农业系统中推进各种农业资源往复多层与高效流动的活动，一个生产环节的产出是另一个生产环节的投入使得系统中的废弃物多次循环利用，从而提高能量的转换率和资源利用率，实现节能减排与增收的目的。资源节约型的循环农业实现较少废弃物的产生和提高资源利用效率的农业生产方式，具有种植业内部物质循环利用模式、养殖业内部物质循环利用模式、种养加工三结合的物质循环利用模式。

3. 环境友好型的生态农业

生态农业是按照生态学原理和经济学原理，运用现代科学技术成果和现代管理手段以及传统农业的有效经验建立起来的，能获得较高的经济效益、生态效益和社会效益的现代农业。它要求把发展粮食作物与多种经济作物结合，发展大田种植与林、牧、副、渔业结合，发展大农业与第二、三产业结合，利用传统农业精华和现代科技成果，通过人工设计生态工程、协调发展与环境之间、资源利用与保护之间的矛盾，形成生态上与经济上两个良性循环，实现经济、生态、社会效益的统一，是一种环境友好型的农业。

4. 产品安全型的绿色农业

绿色农业是关注农业环境保护、农产品质量安全的农业生产，是绿色食品、无公害农产品和有机食品生产加工的总称。发展绿色农业要逐步采用高新农业技术，形成现代化的农业生产体系、流通体系和营销体系，在生产过程中保证农产品质量安全，战略转移的关键是规模和技术，手段是设施的现代化走向是开拓国内外大市场，目标是实现农业可持续发展和推进农业现代化，满足城乡居民对农产品质量安全需要。

（二）创新理念和思路，转变农业发展方式

农业发展方式转变路径选择主要体现在生产方式、经营方式和资源永续利用方式三个方面。转变农业生产方式，以解决农业集约化、规模化带来的环境问题；转变农业组织方式，提高农业管理效率，达到提高环境资源利用效率和节约保护环境资源的目的；转变农业经营方式，增加农业生产者从整个农业产业链中获得的收益，规避农业生产者单纯依赖环境资源的掠夺性经营；通过资源节约和循环利用，推广应用节水、节肥、节药和生态健康养殖技术，提高化肥、农药等农业投入品利用率，降低流失率，减少外部投入品使用量，减少污染物排放量。

创新理念和思路，把农业污染问题在生产生活单元内部解决，把农业环境保护、生态建设寓于粮食增产、农业增效、农民增收之中。

第一，生产、生活、生态三位一体统筹推进。农业生产场地与农民居住场所紧密相连，农村环境治理过程中必须把农业生产、农民生活、农村生态作为一个有机整体，统筹安排，实现生产、生活、生态协调。

第二，资源、产品、再生资源循环推进。资源化利用农作物秸秆、畜禽粪便、生活垃圾和污水，把废弃物变为农民所需的肥料、燃料和饲料，从根本上解决污染物的去向问题，减少农业生产的外部投入，实现资源—产品—再生资源的循环发展。

第三，资源节约与清洁生产协同推进。推广节地、节水、节种、节肥、节药、节电、节柴、节油、节粮、减人等节约型技术使用，从生产生活源头抓起，减少外部投入品使用量，减少污染物排放量，实现资源的节约和清洁生产。

（三）构建生态文明型农业新型生产模式

第一，以资源高效利用和地力培育为核心的可持续高产模式。在我国东北平原、黄淮海平原、长江中下游平原等粮食主产区，以高产、高效同步为目标，将资源高效与作物高产并重，改变片面追求高产的传统集约化生产模式，重点解决我国粮食主产区土地资源高强度利用带来的耕地质量下降、肥料和灌溉水利用率低、秸秆还田困难、农艺与农机脱节，确保农田综合生产能力的不断提升和持续高产。

第二，以环境保护和农产品质量控制为核心的清洁生产模式。在我国菜篮子工程基地和城郊地区，改变以往农业发展过度依赖大量外部物质投入的生产方式，应用低污染的环

境友好型种植、养殖技术,合理使用化肥、农药、饲料等投入品,减少农业面源污染和农业废弃物排放,实现资源利用节约化、生产过程清洁化、废物循环再生化,通过源头预防、过程控制和末端治理,严格控制外源污染,减少农业自身污染物排放。

第三,以资源循环利用和环境治理为核心的生态农业模式。在我国农畜业主产区和西部生态脆弱区,按整体、协调、循环、再生原则,推进资源多级循环利用、流域综合质量、生态环境建设,建立具有生态和良性循环,可持续发展多层次、多结构、多功能的综合农业生产体系,并突出抓好农业、农村人畜粪便、农作物秸秆、生活垃圾及生活污水等废弃物的无害化处理和资源化利用。

第四,以生产、生活、生态协调发展为核心的多功能农业模式。在我国经济发达区、都市农业区及西部山区等非农牧业主产区,挖掘农业生产在环境美化、景观生态服务、生活服务等方面功能,开发现代农业的多功能潜力,拓展农民增收渠道和推进城乡一体化发展。一方面为宜居城市提供生产、生态和生活服务,有效限制城市无序扩张,推进现代农业服务业发展;另一方面促进农村地区生态旅游农业、休闲观光农业发展,拓宽农民就业增收渠道。

二、生态文明型的农业发展路径

(一)加强农业资源保护

加强农业资源保护的措施包括:①继续实行最严格的耕地保护制度,加强耕地质量建设,确保耕地保有量保持在标准内;②科学保护和合理利用水资源,发展节水增效农业;③治理和防治水土流失,搞好小流域治理;④坚持基本草原保护制度,推行禁牧、休牧和划区轮牧,实施草原保护重大工程;⑤加大水生生物资源养护力度,扩大增殖放流规模,强化水生生态修复和建设;⑥加强畜禽遗传资源和农业野生植物资源保护;⑦实施封山育林,建设良好生态环境;⑧开展农业资源的休养生息试点工程,在部分地下水超采区域开展修复试点。

(二)推进农业资源节约利用

推进农业资源节约利用的措施包括:①推广保护性耕作,建立高效的耕作制度;②改进畜禽舍设计,发展装配式畜禽舍,充分利用太阳能和地热资源调节畜禽舍温度,在北方地区建设节能型畜禽舍,降低畜禽舍加温和保温能耗;③发展草食畜牧业,推进秸秆养畜,加快品种改良,降低饲料和能源消耗;④加快规模养殖场粪污处理利用,治理和控制农业面源污染;⑤发展贝藻类养殖,推行标准化生产,推广健康、生态和循环水养殖技术、节约养殖用水，降低能耗；⑥加快开发以农作物秸秆等为主要原料的肥料、饲料、工业原料和生物质燃料，培育门类丰富、层次齐全的综合利用产业，建立秸秆全量化利用的长效机制。

（三）构建循环型农业产业链

构建循环型农业产业链的措施包括：①推进种植业、养殖业、农产品加工业、生物质能产业、农林废弃物循环利用产业、高效有机肥产业、休闲农业等产业循环链接，形成无废高效的跨企业、跨农户循环经济联合体，构建粮、菜、畜、林、加工、物流、旅游一体化和一、二、三产业联动发展的现代工农复合型循环经济产业体系；②构建循环型农业产业链，完善公司+合作组织+基地+农户等一体化组织形式，加强产业链中经营主体的协作与联合；③根据产业链的前向联系、后向联系和横向联系，以经济效益为中心，推动循环农业产业化经营，形成绿色种植—食品加工—全混饲料—规模养殖—有机肥料多级循环产业链条；④重点培育推广畜（禽）—沼—果（菜、林、果）复合型模式、农林牧渔复合型模式、上农下渔模式、工农业复合型模式等，提升农业综合效益；⑤加快畜牧业生产方式转变，合理布局畜禽养殖场（小区），推广畜禽清洁养殖技术，发展农牧结合型生态养殖模式；⑥支持深加工集成养殖模式，发展饲料生产、畜禽养殖、畜禽产品加工及深加工一体化养殖业；⑦发展畜禽圈舍、沼气池、厕所、日光温室四位一体生态农业；⑧积极探索传统与现代相结合的生态养殖模式，建立健康养殖和生态养殖示范区；⑨发展设施渔业及浅海立体生态养殖，促进水产养殖业与种植业有效对接，实现鱼、粮、果、菜协同发展。

（四）实施一批农业可持续发展工程

1. 农业环境治理与农村废弃物综合利用工程

针对农业废弃物过多排放造成的生态环境问题，加大农业面源污染防治力度，支持建设一批农产品加工副产物资源化利用、稻田综合种养模式、畜禽粪便资源化利用、菜篮子基地清洁化，实施以农村生活、生产废弃物处理利用和村级环境服务设施建设为重点的农村清洁工程。建设一批示范工程，包括秸秆全量化利用、畜禽粪便资源化利用、废旧农膜回收再生利用、国家菜篮子基地清洁生产、美丽乡村建设等，建设一批农业清洁生产示范区和循环经济综合示范区。

2. 生态友好型农业科技支撑工程

整合优势科技力量，集中开展现代农业发展与环境污染防治关键技术研发，打破现代农业发展的技术瓶颈。同时，对现有的单项成熟技术进行集成配套，形成适宜于不同地区的技术模式，进一步扩大推广应用规模和范围，重点在农业面源污染防治、农业清洁生产、农村废弃物资源化利用等方面取得突破，尽快形成一整套适合国情的发展模式和技术体系。

第八章　现代农业经济的可持续发展模式

第一节　农业可持续发展的绿色农业经济政策

一、绿色农业经济发展政策支持

（一）绿色农业产业政策

1. 绿色农业产业结构政策

（1）绿色农业种植业结构政策。应在稳定粮食生产的前提下，构建绿色农业种植业结构，大力发展绿色经济农作物及其他农作物。先要保证粮食生产的稳定与安全。粮食是国民经济基础的基础，是关系到社会是否稳定的政治问题。调整不同品质粮食的比例关系，不断增加优质粮食的生产量，提高优质粮食的相对比重。同时，也应注重其他农作物的生产。总体上讲，经济农作物等其他农作物要有进一步发展，特别要努力提高其质量。

（2）绿色农业林业结构政策。林业是农业和国民经济中一个十分重要的经济部门。它不仅具有许多经济功能，还具有环境保护的功能。然而，目前我国的林业资源均有不同程度的破坏，林业内部结构亦有很多不合理的地方，因而需要采取新的举措进行绿色林业结构的构建：①继续大力发展植树造林运动，提高森林覆盖率；②重视经济林、薪炭林特别是防护林的营造与发展，提高其比重；③建立合理的采、育结构，认真贯彻《森林法》等相关法律法规，切实保护好林业资源；④在继续重视林木产品的生产和发展速生丰产林的同时，加强对各种林木产品、林副产品的开发和综合利用，提高林业经济效益；⑤草、灌、乔相结合，长、中、短周期林产品生产相结合，加强林业资源的多层次利用；⑥采取拍卖、补贴等政策，调动农民的造林积极性。

（3）绿色畜牧业结构政策。与发达国家相比，我国畜牧业占农业总产值的比重还有很大差距，因此，在发展绿色农业生产过程中，必须重视畜牧业的发展。

第一，根据我国人多地少、非粮食饲料资源丰富的国情，大力发展耗粮少、转化率高的畜禽产品生产,特别是增加秸秆和草料转化利用率高的牛、羊、兔、鹅等品种,大幅度提高食草性动物的商品产量。

第二,根据区域资源特点,建立不同类型的畜牧业专业化生产区。

第三,推行健康的养殖方式,大力发展畜牧业的后向及前向产业。

第四,从主要畜禽品种的区域发展看,生猪生产要稳定东部、发展西部,重点放在开发东北等玉米主产区。

2. 绿色农业资金政策

保持绿色农业投资政策的系统性、稳定性。一方面,政府要对现行的农业投资政策进行重新梳理整合;另一方面,在制定新的绿色农业政策时,要做到彼此呼应、前后衔接,使整个绿色农业投资政策形成一个可行的完备体系。要想把政策体系长期稳定下来,减少其随意性和波动性,进而避免绿色农业投资的政策性波动,最好的办法便是绿色农业政策法律化。

(1)加大政府财政支持绿色农业发展的力度,明确资金投入的重点。长期以来,农业在稳定国民经济、为工业积累资金、为工业转移劳动力、美化环境等方面做出了巨大贡献。农业具有很大的外部性和公共性,却没有得到相应的补偿。因此,政府理应成为绿色农业项目尤其是基础性项目和公益性项目的投资主体,在这一点上政府应明确责任和义务。政府应加大投资绿色农业的力度,并把这一政策从战略上长期化、制度化,避免口号农业和短期农业。

(2)构建微观农业投入机制,激励农户的绿色农业投资积极性。我国农民一直有跳出农门的思想和保守消费投资的观念,加上投资农业的风险大和家庭意外发生的随意性,农民一直不愿意扩大农业资金投入,特别是对绿色农业的投入。随着商品经济的发展,农业也不再是农户投资的唯一选择,农户对家庭资源的配置将遵循利益最大化原则,在生活消费、非农投资和农业投资中进行分配。因此,建立一种激励和保护农户绿色农业投入的微观机制,是保持绿色农业投入稳定增长的关键。构建农户绿色农业投入的微观机制可以从这些方面着手:①建立有效的利益诱导机制;②建立合理的利益共享机制,提高农户绿色农业资金投入的收益水平;③提高农户的劳动投入对资本投入的替代程度;④建立绿色农业多要素投入机制。

3. 绿色农业可持续发展政策

(1)因地制宜,分类指导,保护农地资源。加强绿色农业基础设施和现代化建设、土地地力建设和绿色农业生态环境治理,提高绿色农业综合生产能力,提高土地产出率和绿色农业产品总量,确保主要绿农产品的持续增长,实现保障供给。

(2) 通过优化绿色农业生产要素组合，并以资源优势为基础实行绿色农业生产主导功能分区，保证粮棉油生产，发展多种经营，促进绿色农业生产布局区域化、专业化、基地化，形成绿色农业和农村经济持续发展的基础框架。

(3) 通过实施科教兴农战略，增加绿色农业科技投入，充实科技队伍，提高农民科技素质，强化绿色农业科技研究，促进绿色农业向科技化、市场化、外向型发展，成为绿色农业持续稳定发展的支柱。

(4) 通过合理调整产业结构，加快乡村城镇化和城乡一体化建设步伐，协调第二、第三产业发展。形成支持绿色农业的投入、科技、服务等机制，改善绿色农业和农村经济发展的外部环境，为加快绿色农业的可持续稳定发展提供保障。

（二）绿色农业农民政策

1. 增加农民收入政策

(1) 积极发展多种经营。劳动力在农业内部转移，实行农业资源综合开发，扩大农业资源的占有并改善绿色农产品供给结构。在搞好粮、棉、油等大宗农产品生产的同时，合理开发利用资源，发展多种经营。

(2) 引导农民进入市场。引导农民进入供销、贮运、加工等行业，打破产前、产后环节非农集团的市场垄断，使农民能够获得社会平均收益。实行种养业和加工储运业相结合，提高绿色农产品附加值，以此来增加农民收入。

(3) 搞好劳务输出。劳动力向城镇非农产业转移，使农民获得社会平均收入。千方百计解决好农民增收问题，组织农民外出务工，切实保障农民工的合法权益。

(4) 加大国家对绿色农业的公共投资力度。让公共财政的阳光普照农村大地，加大财政对绿色农业的支持力度，帮助和引导农民生产经营，从整体上保证农民收入稳步上升。

2. 促进农民就业政策

(1) 建立和完善竞争有序的劳动力市场，促进劳动力资源与其他生产要素的优化组合。发展劳动力中介组织，积极发展职业介绍所、乡镇劳动服务站以及民办的各种劳动就业服务体系，逐步形成能够覆盖城乡的就业服务网络；应搞好市场的需求预测，按照市场对各类人才的需求，开展就业培训，不断提高劳动力的素质和岗位技能。改善劳动就业的软环境，不断提高市场的发育程度和组织水平，建立健全一套符合国际惯例要求的劳动力市场管理制度。要运用现代化的管理手段，建立起市场预测系统和综合管理系统，搞好市场营运的基础设施建设。

(2) 完善宏观调控机制。想处理好加强宏观调控与微观放开的关系，就要坚持宏观调控到位、微观放开搞活的原则。各级政府要把工作的着力点放到运用市场配置劳动力资源的基础上，着重管好市场，规范市场行为，提供政策保证，力争建立起有利于农村劳动力合理流动的公平、公开、公正的社会择业制度。在需要控制人口规模的大、中城市，应从宏观上控制总量，调整用人结构，在劳动力就业规划上，明确招用农村劳动力的行业、工种及相应的标准。积极推行户籍制度改革。现行户籍制度改革取得了一定成效，但尚存在一些亟待解决的问题。面对新情况、新问题，要继续深化改革，按一定的目标和步骤，坚持推进城镇化、公民一律平等、逐步到位、制度协调配套等原则，探索城乡统一户口登记管理制度，建立由户口登记、身份证管理等制度构成的科学的人口管理系统，实现人口静态管理向动态管理的转变。

（3）加速乡镇企业和农村城镇化同步协调发展。各级政府应着眼于未来，根据当地实际情况制定科学的乡镇企业与农村城镇化同步发展的长期规划，以及农村劳动力就业和转移规划。制定优惠扶助政策，在税收、信贷、用地、能源等方面给予优惠和重点扶持，以鼓励乡镇企业逐渐向农村小城镇集中。采取多渠道筹资，进一步完善现有农村小城镇的基础设施，尤其加强供电、供热、供水、通信、运输等基础设施的配套建设。加强立法和执法监督，规范招用工行为和保护非农业就业农民的合法权益。

（三）绿色农业资源管理政策

1. 绿色农业土地资源政策

土地资源是绿色农业生产所必需的场所，是绿色农业生产最基本的生产资料，土地资源的稀缺性要求我们必须十分重视土地的保护和利用。

（1）防止水土流失。主要措施包括：①严禁在不合理坡度和不合理部位上开荒；②允许开荒的地方，开荒时必须经过有关部门的批准，并要同时采取水土保持措施；③严禁滥伐林木、破坏水土，严禁在森林地进行不合理的耕作；④水利、交通、工矿、砂石、电力等工程建设，必须尽量减少破坏地貌和植被工程，同时必须采取土地恢复整理和水土保持措施；⑤禁止滥采林产品、破坏草皮、滥牧或过度放牧的各种生产经营方式；⑥禁止不合理的林间采挖，培育食用菌、烧炭、烧砖、开矿、采石等副业生产活动，必须符合生产规划，结合水土保持措施。

（2）防止土地污染和土质恶化。一定要严加防范土地污染，由于不合理耕作造成土地板结、肥力丧失和由于不合理的工程建设造成的土地酸化、盐碱化等现象也必须严格防止，保护好绿色农业产地生态环境。

（3）严格控制各种非农业用地。必须制止乱占滥用农业用地，特别要注意保护好绿色农业示范区的农田,坚持基本农田保护区制度。要把节约每一寸土地作为我国的基本国策。一切其他建设工程用地,都必须遵循经济合理的原则,凡有劣地可以利用,不得占用良田。

2. 绿色农业森林资源保护政策

(1) 实施分类保护政策。森林资源可以分为防护林、特种林、用材林、经济林和薪炭林等类型。对防护林只准进行抚育和更新性质的采伐;对特种林则严禁采伐;对用材林则必须按科学合理的方式采伐,采伐量必须低于其生长量;对薪炭林则应因地制宜大力发展,用以替代燃用材林;在经济林建设中一定要同时附有水土保持工程;对薪炭林、用材林等都要大力提高其生产率,以节约其发展空间,转而为扩大防护林、特种林的发展空间提供条件等。

(2) 严格执行森林采伐限额。要依法实行凭证采伐制度和凭证运输制度等。通过各种控制措施,保证森林特别是用材林的消耗量低于其生长量,争取尽快地消除森林赤字,使森林覆盖率进入稳定或不断提高的状态。

(3) 加强国家和地方防护林体系建设。要继续完成三北防护林建设和长江中下游防护林体系建设,继续推进平原绿化工程、太行山绿化工程、沿海防护林体系工程等林业重点工程建设。地方政府也要加强各自的林业重点工程建设,与国家防护林体系相衔接,形成全国一体化的多层次的防护体系网络格局。

(4) 实行林业产业扶持政策。林业生产周期长、见效慢、经济效益低,有时森林保护区区域经济收益小,但下游地区和整体社会受益大,即兼有生态效益和社会效益。因此,国家应该增加对林业的资金投入,实行林业产业优惠和扶持政策,积极推行林权改革。

3. 绿色农业草地资源保护政策

(1) 改善草地资源的利用方式。根据草场状况合理调整载畜量,使畜牧的取食量保持低于牧草生产量以维持畜草平衡;采取围栏等多种方式轮封轮牧,使草场得以循环利用;结合采取圈养、舍养等方式,人工植草和采草,建立贮草、草粉加工基地等,提高对草场集约化利用水平。

(2) 对草场进行更新和改良。对草场进行耕作,选择优良牧草品种,实施飞机播种,从而使草场得以更新和改良;兴建引水灌溉工程,提高草场生产能力;采取各种措施,控制草原鼠、虫、病害;建设防护林网等,控制草原风沙化和水土流失等。

(3) 建立健全草原监护系统。要建立有关机构,安排人员,建设必要的设施,加强草原鼠、虫、害的预测和防治,加强草原防火和其他危害防治等。

4. 绿色农业水资源保护政策

(1) 严格控制水体污染。一定要严格贯彻执行国家水污染防治法,防止对水体各种可能的污染；对已经污染的水域，采取有力措施，逐步加以治理以改善水质。坚持以防为主、防治结合的原则，切实加强统一管理和法制管理。

（2）坚持全面节水方针。大力推行计划用水、节约用水。要严格管理，杜绝浪费。要依靠科学技术，建立节水型社会经济体系，从而保护稀缺的水资源。

（3）合理开发、利用水资源。国家有关部门及各级地方政府在开发、利用和调节、调度水资源的时候，必须统筹兼顾，维护江河合理流量和湖泊、水库以及地下水体的合理水位，维护水体的自然净化能力。要控制工矿区和绿色农业灌溉等超采地下水行为，开展地下水回灌，制止北方地下水位继续下降，防止海水入侵；人工回灌补给地下水，不得恶化地下水。

（4）采取重点保护和建设的方针。在普遍加强管理的基础上，在一定时期要进行重点水利工程建设，如划定有关保护区、实施重点防护工程和治理工程。

二、绿色农业科技发展政策

（一）绿色农业科技体制政策

深化现有农业科技体制改革，建立完备的绿色农业科技体制；积极鼓励农业科研机构、推广机构和科技人员进行绿色农业科技开发、绿色农业科技承包、绿色农业科技咨询、绿色农业科技培训、绿色农业科技扶贫等多种形式的绿色农业科技推广应用活动；积极支持、组织、创建各种形式的绿色农业科研生产联合体、绿色农业科技推广联合体；积极扶植和发展绿色农业科研生产一体化的群众性科技组织。

（二）绿色农业技术推广政策

1. 绿色农业技术推广的方法

绿色农业技术推广方法很多，主要有以下五种形式：

（1）按制定的绿色农业技术推广项目推广绿色农业技术。由绿色农业科技部门按照各自职责，相互配合，组织实施。

（2）绿色农业科研单位和有关学校，应研究生产上亟须解决的问题，其成果可以自己推广，也可以通过绿色农业技术推广机构推广。

（3）向绿色农业劳动者推广的绿色农业技术，必须在推广地区经过实验证明具有先进性和实用性。

（4）绿色农业劳动者根据自愿的原则应用绿色农业技术。任何组织和个人不得强制农业劳动者应用绿色农业技术。

(5) 绿色农业技术推广机构、绿色农业科研单位、有关学校以及科技人员,以技术转让、技术服务和技术承包等形式提供绿色农业技术的,可以实行有偿服务,其合法收入受法律保护。此外,国家绿色农业技术推广机构向绿色农业劳动者推广绿色农业技术应实行无偿服务。

2. 绿色农业技术推广体系

绿色农业技术推广,实行绿色农业技术推广机构与绿色农业科研单位、有关学校以及群众性科技组织、农民技术人员相结合的推广体系,这是构成绿色农业技术推广体系的主体地位和形式。还有农技推广的辅助地位的补充形式,就是鼓励和支持供销合作社、其他事业企业单位、社会团体以及社会各界和科技人员,到农村开展绿色农业技术推广服务活动。二者结合便构成了绿色农业技术推广体系的模式。

(三) 绿色农业科技投入政策

各级政府要建立绿色农业发展基金且重点用于绿色农业科技投入,包括绿色农业科研、推广、培训等,为绿色农业科技开辟稳定的资金渠道。要多方面开辟技术推广资金渠道,建立农村科技推广基金。国家的综合性科研计划、科学基金以及攻关项目、新技术开发项目,都要增加对绿色农业科技的投入,保证有相当比例的经费用于绿色农业科研与开发项目。各级财政、银行和其他金融机构以及农业主管部门,在增加绿色农业投入时要向绿色农业科技倾斜。对绿色农业科技推广应用项目,可安排专项贷款或低息甚至贴息贷款。要积极引进外资,提供服务及技术合作,以弥补国内资金和技术的不足。要鼓励、引导集体和绿色农业开发服务经济实体、其他社会团体以及农民增加对绿色农业科技应用的投入。要制定一些优惠政策,帮助各种绿色农业技术服务组织提高资金积累能力,以增加对绿色农业科技成果推广项目的投入。

三、绿色农业产品对外贸易政策

(一) 调整绿色农业产品进出口贸易措施

调整绿色农业产品进出口贸易措施包括:①建立符合国际规则的绿色农业产品质量标准体系,有效保护国内市场。②加强动植物检疫工作。改革动植物检疫体制,内外检相结合,严格把好入境口岸关。③强化进出口检疫的研究工作,提高检疫装备水平,增加检疫设备。④加强人员培训,提高检疫人员素质和检疫能力。⑤加大动植物检疫的宣传力度,增强国民自觉保护绿色农业生产环境的意识。⑥加强国内外疫情监测,及时采取防范措施。⑦完善绿色农业生物技术安全管理法律法规,严格执行转基因产品的生产许可登记制度和销售标志制度。⑧进一步规范进出口秩序，严厉打击走私，确保国内绿色农产品市场的稳定。

（二）扩大绿色农业产品的出口措施

扩大绿色农业产品的出口措施包括：①提高绿色农业产品质量，增强其国际市场竞争能力；②加强绿色农产品出口基地建设，重点发展绿色农业拳头产品，提高出口绿色农产品的生产加工水平；③改革农产品出口体制，打破重要农产品由少数外贸公司垄断出口的格局，适当放开粮、棉等重要农产品出口经营权；④建立出口市场信息网络，及时向出口企业发布国际市场信息、各国产品市场情况、进口标准和法律法规等；⑤加强双边和多边合作与谈判，改善贸易环境，消除贸易壁垒要利用有关 WTO 农业规则，建立和完善绿色农业支持和保护体系，采取财政投入、税收优惠、金融支持等措施，从资金投入、科研与技术推广、教育培训、绿色农业生产资料供应、市场信息、质量标准、检验检疫、社会化服务以及灾害救助等方面扶持农民和绿色农业生产经营组织发展绿色农业生产，提高农民的收入水平。

第二节 我国农业可持续发展的必然选择——循环经济

一、农业循环经济的基本结构

"农业循环经济是实现经济效益、社会效益、生态效益'三赢'的新型农业。"① 农业循环经济就是把循环经济理念应用于农业系统，在农业生产过程和农产品生命周期中减少资源、物质的投入量，减少废弃物的产生排放量，实现农业经济和生态环境效益的双赢。其基本内涵包括：①农业循环经济是遵循生态规律，涉及企业（或农户）清洁生产、农业资源循环利用、生态农业、绿色消费等一切有利于农业环境发展的循环经济系统，努力寻求农业与生态环境的和谐发展，其本质也是生态经济；②农业循环经济是以减量化、再利用、资源化为原则，以节约农业资源和资源—产品—再生资源的再生闭路循环利用为特征，以低消耗、低污染、高利用为目标，从而实现农业经济和生态环境双赢的经济形态；③农业循环经济必须依托现代高科技成果和手段，以现代科技为支撑；④农业循环经济离不开合理的农业产业化体系，是以现代农业产业组织体系为载体。因此，农业循环经济符

---

① 石琳：《浅析农业循环经济的发展现状及其对策》，载《山西农经》2022 年 18 期，第 165 页。

合农业可持续发展的要求，是农业可持续发展的必然选择。

农业循环经济结构基本上包括：①农产品清洁生产结构。在生产中推行从投入到生产，再到产出的全程防控污染和清洁生产，使污染排放量最小化。如无公害农产品与绿色食品。②农业产业内交互结构。农业产业内部物能相互交换，互利互惠，废弃物排放量最小化。如种植业的立体种植、养殖业的立体养殖等典型模式。③农业产业间交互结构。产业间相互交换废弃物，使废弃物得以资源化利用。如种养结合的稻田养鱼，稻田为鱼提供了较好的生长环境，鱼吃杂草、害虫，鱼粪肥田，减少了化肥和农药的使用量，控制了农业面源污染，保护了生态环境，增加了经济效益。④农产品消费循环结构。农产品消费过程中和消费过程后的物质和能量的循环，如粮食作物，籽粒可供人食用，秸秆可饲养家畜，家畜肉可供人食用，人畜粪便可肥田。

二、农业循环经济的发展模式

（一）废弃物与资源循环模式

将废弃物、农副产品等经过一定的技术处理后变成有用的资源，再通过种植、养殖、加工等生产过程，生产出新的产品，即利用农业废弃物与农业资源之间的循环发展经济。包括畜禽粪便和农作物秸秆经过加工处理实现资源化（肥料化、饲料化、原料化或能源化）；生活污水加工成优质肥料；果渣加工成酒精；生产和生活垃圾进行发电；农用塑料薄膜经过回收加工生成新的塑料制品；等等。其基本模式是农用废弃物—农业资源—农用产品；农副产品（或废弃物）—农业资源—种植、养殖或加工—新的农产品。

（二）能源与资源循环模式

能源与资源循环模式是以沼气池作为连接纽带，通过生物转换技术，把农业或农村的秸秆、人畜禽粪便等有机废弃物转变为有用资源，然后进行多层次的种植、养殖，利用能源与资源之间的循环发展经济。其基本模式包括：三位一体模式，即沼气池—猪舍（或牛舍、禽舍等）—鱼塘（或果园、日光温室等）；四位一体模式，即沼气池—猪舍（或牛舍、禽舍等）—厕所—光温室（或果园、鱼塘、食用菌等）等。

（三）产业链循环模式

这种模式以产业为链条，将种植业、养殖业和农产品加工业连为一体，使上游产业的产品或废弃物转变成下游产业的投入资源，通过多层次产业间的物质和能量交换，在同一个产业系统中，提高资源和能源的利用率和农业有机物的再利用和再循环，从而使资源和能源消耗少、转换快,废弃物利用率高,减轻环境污染。如甜菜种植业—制糖加工业—酒精制造业;果树种植业—果汁加工业—畜禽养殖业;甘蔗种植业—制糖加工业—酒精制造业—造纸业—热电联产业—环境综合处理等。其基本模式包括:种植业(养殖业)—加工业—种植业(养殖业);种植业(养殖业)—加工业—加工业。

三、农业循环经济的发展措施

(一)增强农业循环经济意识

利用各种媒体及时发布环境污染状况,让全社会了解环境污染的现状和严重危害性,宣扬农业循环经济的理念、相关知识及其重要性。树立农业循环经济的新发展观、新价值观、新生产观和新消费观,尽快实现传统农业经济观念向农业循环经济观念的转变。例如,在发展观上,要体现人与自然、环境的和谐;在价值观上,要将自然视为人类赖以生存的基础,是需要维持良性循环的生态系统;在生产观上,要尽可能地利用可循环再生资源代替不可再生资源,尽可能地利用高科技投入来替代物质投入;在消费观上,倡导绿色消费,限制不可再生资源为原料的一次性产品消费。从而在全社会形成发展农业循环经济的良好氛围。

(二)建立农业循环经济的科技支撑体系

农业循环经济是对传统农业的根本变革,其关键是以现代科学技术做支撑。利用当前先进的科技和管理,把农业建立在现代科技的基础上,使农业发展始终同最新科技(如现代信息工程技术、生物工程技术、系统工程等)紧密结合。实行农业科技产业化,实施农业科技组织创新和管理创新,积极探索农业科技研究、推广的高效运行机制和模式。在当前,要发挥农业科技示范基地(园或场)、龙头企业和农民专业合作组织在科技推广中的示范和技术扩散作用,加大关键技术的研究和推广,特别是先进实用的生态(或有机)农业技术,如沼气生产技术、立体种养技术、生物防治技术、节水节能技术、太阳能(风能和水能)利用技术、秸秆高效利用技术、农产品无公害安全生产技术等;开发废弃物再生利用技术、农用水回收技术、生活垃圾资源化技术技术。

(三)调整和优化农业产业结构体系

农业循环经济遵循生态学规律,构建物质和能量的循环流动通道,使生产的各环节、各产业链条之间建立互补的共生关系,形成废弃物向原材料转变的反向流动。从而在企业内部以及企业之间,在更大范围、更高层次、更多形式形成废弃物—原料—废弃物—原料的链条，提高资源的利用效率、减低污染。因此，应按照农业循环经济的要求，根据结构，形成种养加一体化以及农林牧副渔等各产业互惠互利的产业链条，实现农业产业化。在这里，农业产业化的龙头公司培育、基地建设、公司与农户的利益连接机制以及优势特色产业的培养形成等，都要体现循环经济的理念和要求，全面、多层次利用好自然资源，保护生态环境，实现人类经济、社会、环境的和谐发展。

（四）建立促进农业循环经济发展的制度和政策体系

第一，土地承包制度。现有的集体所有制条件的土地承包制使农民对承包经营的土地拥有不完整的产权，影响了农民对土地长期投资的积极性。姚洋的研究表明，稳定的农地产权对投资具有促进作用。由于农地产权的不稳定性导致农户投资的积极性下降，必然带来土地质量的下降。因此，要改革农地产权制度，赋予农民对土地永久性的承包权，以消除农民对土地长期投资的积极性，防止对土地的掠夺性经营行为，从而有利于农业循环经济的发展。

第二，农业投入政策。改革和调整国家财政分配结构，使之向农业和农村倾斜，增加对农业和农村的投入。各级政府要依法安排并落实对农业和农村的预算支出，严格执行预算，建立健全财政支农资金的稳定增长机制。积极运用税收、贴息、补助等多种经济杠杆，鼓励和引导各种社会资本投向农业和农村，多渠道筹措农业经济循环的发展资金。各级政府要适当安排生态农业专项资金，用于开展生态建设规划、技术培训、经验交流和小型试验示范活动的补助。对规划中选定的建设项目，各级政府及银行在资金上应有选择地给予必要支持。

第三，农业税收政策。继续推进农村税费改革，进一步减轻农民的负担，为最终实现城乡税制创造条件；逐步降低农业税并最终免征农业税。

第四，农村金融体制改革和创新。通过小额贷款、贴息补助、提供保险业务等形式，支持企业（或农户）进行农业循环经济体系建设。

此外，还要综合运用财税、投资、信贷、价格等政策措施，调节和引导农业投资主体的经营行为，建立自觉节约资源和保护环境的激励约束机制。

第三节 基于循环经济理论的区域农业可持续发展模式

一、区域农业可持续发展与循环经济

区域农业可持续发展是指在一定的农业区域内，农业自然资源得以持续利用，环境承载能力不断提高，既能满足当代人对农产品的需要，又不损害后代人满足其需求能力；既满足一定区域内的人群对农产品的需求，又不损害其他地区的人群满足其需求能力的一种农业生产发展方式。研究农业可持续发展问题，必然要落实到一个特定的空间——即通常所说的区域，区域作为一个客观存在的地域单元，其农业经济、农村社会、农业资源环境、农业生产、农业技术等因素耦合而成，具有地域特色的区域复杂系统，就称为区域农业可持续发展系统。区域农业可持续发展强调区域内农业经济、农业生产、农业资源环境、农村社会和农业技术五个方面的协调统一发展。区域农业可持续发展的核心是在合理利用资源的基础上，采用适宜农业技术，提高农业生产效率，同时兼顾环境的保护与保持，从而不影响后代发展的需求及长远的发展目标。

（一）区域农业可持续发展的内涵特征

农业生产率的稳定增长，提高食物产量和食物安全保障率，发展农村经济，增加农民收入，改变农村落后面貌，增加公平性，保护和改善农业资源生态环境，促进农业技术发展，合理持续地利用自然资源，以满足当代和今后世世代代的需求，全面实现小康社会。

农业是国民经济的基础。农业可持续发展是一种全新的农业发展观，是可持续发展的基础和重要组成部分。它指按照发展社会主义市场经济的要求，在可持续发展思想指引下，从实际情况出发，依靠富有远见的宏观调控政策、先进的经营管理机制，用现代科学技术和物质装备手段，因地制宜地确立农业和农村发展战略与选择发展模式，科学合理地开发利用农业资源，保护生态平衡，使农业具有技术的发展能力，确保当代人及后代人对农产品要求得到满足的农业发展思路和发展战略。具体讲农业可持续发展的内涵包括：

第一，经济持续性就是实现粮食产量和农业生产者利益的稳定提高，它与生态持续性紧密相连，生态环境恶化的后果最终会反映到经济上。一个是产量的稳定性，另一个是农业经营的经济表现和可获利性。农业要持续就必须使生产者有利可图，反之是不可持续的。经济可持续性概念并非独立于其他持续性定义。如资源利用的收益及其分配，既是经济问题，也是生态和社会问题；土地退化是生态问题，其长期后果必然反映到经济上来；环境保护措施要付出经济代价，当然也可能获得经济效益。

第二，生态持续性要求维护农业生态资源的永续生产能力和功能，长期的生态持续性要求维护资源基础的质量，维护其生产能力，尤其是维护土地的产出量。生态持续性还要求保护自然条件特别是地表水与地下水的水循环和气候条件。另一个重要方面是保护基因资源和生物多样性。生态持续性的一个核心问题就是现代农业对土地资源生产潜力的影响。当代农业的特点就是频繁耕耘、集约种植、高化学剂投入、密集的机械使用，这已造成土壤侵蚀、养分流失、土壤板结、水污染等问题，损害着土地资源的生产能力，影响着土地生态持续性。

第三，社会持续性指的是持续不断地提供充足而安全可靠的农产品，以满足社会需求。社会持续性强调满足人类的基本需要和较高层次的社会文化需求，如安全、平等、自由、教育、就业、娱乐等。在发展中国家，较为迫切的问题是解决温饱、避免饥荒，即所谓食物充足性问题和承载力问题。

（二）推行循环经济是农业可持续发展的必然选择

农业推行循环经济是整个国民经济社会体系全面发展循环经济、建立循环社会的关键性的基础环节；农业可持续发展迫切需要追赶发展循环经济的时代大潮；从可持续发展的角度来看，发展以循环经济为中心的农业可持续发展模式，才是解决"三农"问题的现实可行途径；现代常规农业所面临的环境污染、生态破坏、资源耗竭的问题，有待于运用循环经济原理与方法来解决。

（三）农业发展循环经济更具优势

第一，农业与自然生态环境紧密相连、水乳交融、密不可分的先天条件，使农业经济系统更易于和谐地纳入自然生态系统物质循环的过程中，建立循环经济发展模式。

第二，农业与人类自身消费更贴近，人类处于食物链网的最顶端，是自然的一部分，参与整个系统的物质循环与能量转换，这为循环经济要求从根本上协调人类与自然的关系、促进人类可持续发展，提供了更为直接的实现途径。

第三，农业的产业构成特点更易于发展循环经济。农业产业系统是种植业系统、林业系统、渔业系统、牧业系统及其延伸的农产品生产加工业系统、农产品贸易与服务业系统、农产品消费系统之间相互依存、密切联系、协同作用的耦合体。农业产业部门间的天然联系、农业产业结构的整体性特征，正是循环经济所要建立和强化的，是建立农业生态产业链的基础，也正是农业产业结构的整体性特征，决定着必须推行农业产业协调发展。

（四）农业发展循环经济的基本内容

第一，基本原则。遵循 4R 原则，即减量化（Reduce）、再使用（Reuse）、再循环（Recycle）、再回收（Recovery）原则。减量化原则是指为了达到既定的生产目的或消费目的而在农业生产全程乃至农产品生命周期（如从田头到餐桌）中减少稀缺或不可再生资源、物质的投入量和减少废弃物的产生量；再使用原则是指资源或产品以初始的形式被多次使用，如畜禽养殖冲洗用水可用于灌溉农田，既达到了浇水肥田的效果，又避免了污水随意排放、污染水体环境等；再循环（资源化）原则是指生产或消费产生的废弃物无害化、资源化、生态化，循环利用和生产出来的物品在完成其使用功能后能重新就成可以利用的资源，而不是无用的垃圾，减少废物优先的原则要求将避免废物产生作为经济活动的优先目标；再回收原则是将人类生产和生活产生的废弃物再分类进行回收利用，减少废物优先的原则。

此外，农业发展循环经济要坚持因地制宜原则、整体性协调原则、生物共存互利原则、相生相克趋利避害原则、最大绿色覆盖原则、最小土壤流失原则、土地资源用养保结合原则、资源合理流动与最佳配置原则、经济结构合理化原则、生态产业链接原则和社会经济效益与生态环境效益双赢原则及综合治理原则等。

第二，循环层次。农业循环经济包括四个层次：①农产品生产层次中推行清洁生产，全程防控污染，使污染排放量最小化；②农业产业内部层次物能相互交换，互利互惠，废弃物排放最小化，如种植业的立体种植、养殖业的立体养殖等都有很多典型模式；③农业产业间的层次相互交换废弃物，使废弃物得以资源化利用，如种养结合的稻田养鱼，稻田为鱼提供了较好的生长环境，鱼吃杂草、害虫，鱼粪肥田，减少了水稻化肥农药使用量，控制了农业面源污染，保护了生态环境，增加了经济效益；④农产品消费过程中和消费过程后层次的物质和能量的循环，如粮食作物秸秆可饲养家畜，籽粒可供人食用，家畜肉也供人食用，人畜粪便可肥田。

第三，生态产业链（体系）。构建农业的生态产业链（体系）是由生态种植业、生态林业、生态渔业、生态牧业及其延伸的生态型农产品生产加工业、农产品贸易与服务业、农产品消费领域之间，通过废物交换、循环利用、要素耦合和产业生态链等方式形成呈网状的相互依存、密切联系、协同作用的生态产业体系（链网）。各产业部门之间，在质上为相互依存、相互制约的关系，在量上是按一定比例组成的有机体。如以蔗田种植业系统、制糖加工业系统、酒精酿造业系统、造纸业系统、热电联产系统、环境综合处理系统为框架，通过盘活、优化、提升、扩张等步骤，建设生态产业（制糖）链，各系统内分别有产品产出，各系统之间通过中间产品和废弃物的相互交换而互相衔接，从而形成一个比较完整和闭合的生态产业网络，其资源得到最佳配置、废弃物得到有效利用、环境污染减少到最低水平。

第四，支撑技术。包括：①农业清洁生产理念与生态技术体系；②生命周期理论及环评技术；③农业生态管理理念与生态管理技术体系；④农业产业生态链原理与技术体系；⑤农业发展循环经济的相关法规、优惠政策和保障体系的建立。

二、面向循环经济的农业可持续发展模式

第一，以生态农业建设为基础、开发无公害农产品与绿色食品为目的的渐进式循环经济发展模式。中国生态农业是因地制宜利用现代化科学技术与传统农业技术，应用生态学和生态经济学原理，充分发挥地区资源优势，依据经济发展水平及整体、协调、循环、再生的原则，运用系统工程方法，全面规划、合理组织农业生产，对中低产地区进行综合治理，对高产地区进行生态功能强化，实现农业高产优质、高效、持续发展，达到生态与经济两个系统的良性循环和经济、生态、社会（文化）三大效益的统一。它既是农、林、牧、副、渔各业综合起来的大农业，又是农业生产、加工、销售综合起来、适应市场经济发展的现代农业。

第二，以有机农业建设为基础、开发有机食品（产品）为目的、发展有机产业为手段的跨越式循环经济发展模式。有机产业是指由有机农业（包括种植业、林业、畜牧业、渔业）、有机农产品生产加工业、有机农产品贸易与服务业、有机消费领域所构成的生态产业链。有机农业是在农业生产过程中遵循生态学原理和生态经济规律，不采用基因工程，不施用化肥农药等化学合成物质，利用生态农业技术，建立和恢复农业生态系统良性循环的农业。有机农业主张建立作物、土壤微生物、家畜和人的和谐系统。其指导思想是健康的土壤生长出健康的植物，然后才有健康的家畜和人。在有机农业中通常采用的耕作措施

包括：①种植覆盖作物；②轮作；③秸秆还田；④生物防治病虫害；⑤用有机饲料喂养家畜等。有机农产品是根据国际有机农业生产要求和相应的标准生产加工的，并通过有机产品认证机构认证的农副产品开发有机农业、发展有机产业是保护生态环境，节约稀缺资源，发展农村经济，提高人民生活质量。

参考文献

[1] 李青阳，白云，徐金菊，等．农业经济管理［M］．长沙：湖南师范大学出版社，2017．

[2] 王培志，葛永智．农业经济管理［M］．济南：山东人民出版社，2016．

[3] 陈池波．农业经济学［M］．武汉：武汉大学出版社，2015．

[4] 李秉龙，薛兴利．农业经济学［M］．北京：中国农业大学出版社，2015．

[5] 齐亚菲．农业优势特色可持续发展［M］．北京：中国建材工业出版社，2016．

[6] 尹昌斌，程磊磊，杨晓梅，等．生态文明型的农业可持续发展路径选择［J］．中国农业资源与区划，2015，36（01）：15-21．

[7] 李志强．发展农业循环经济，促进农业可持续发展［J］．河南农业科学，2006（01）：9-12．

[8] 张俊娥，王志国，王纳威，等．循环农业经济体系的内涵及其构建［J］．山东农业大学学报（自然科学版），2014，45（05）：793-795．

[9] 崔和瑞．基于循环经济理论的区域农业可持续发展模式研究［J］．农业现代化研究，2004（02）：94-98．

[10] 于丽娟．农业经济管理对农村经济发展的影响［J］．新农业，2022（18）：75-77．

[11] 王亚军．论农业在国民经济中的地位与作用［J］．经济工作导刊，2001（21）：34-35．

[12] 陈永强．农业家庭经营主体内生优选及其发展趋向探究［J］．云南农业大学学报（社会科学），2020，14（02）：48-53+90．

[13] 黄波．我国农业合作经济组织发展存在问题及建议［J］．乡村科技，2020（06）：44+51．

[14] 胡珈宁，武士勋．我国农业产业化经营创新思路［J］．乡村科技，2020，11（24）：34-35．

[15] 董涛．发达国家和地区农产品价格形成机制及其特点［J］．世界农业，2015（10）：69-72．

[16] 汪腾. 我国农产品市场体系发展存在的主要问题及对策探析 [J]. 特区经济, 2011 (05): 244-245.

[17] 闫馨. 乡村振兴背景下农产品市场营销策略 [J]. 农家参谋, 2022 (17): 61-63.

[18] 高文丽, 郑庆波. 谈谈农业自然资源的作用与利用 [J]. 农业与技术, 2014, 34 (09): 231.

[19] 李春红. 开发农业劳动力资源促进农村经济发展 [J]. 农业科技通讯, 2010 (07): 28.

[20] 王媛媛. 河南农业经营方式创新形式研究 [J]. 企业科技与发展, 2020 (06): 21-22.

[21] 陈波, 吴天忠. WTO 框架下我国农业保护政策 [J]. 贵州财经学院学报, 2008 (02): 55-60.

[22] 张晓儒, 戴桂香, 孙影, 等. 影响农产品质量安全的因素及改进措施 [J]. 农业与技术, 2022, 42 (19): 148-150.

[23] 李晓华, 张仙琴. 从国外农业现代化的经验看我国农业现代化发展战略 [J]. 安徽文学（下半月）, 2009 (07): 383.

[24] 王晓燕. 新时期辽宁农业可持续发展的几点思考 [J]. 农业技术与装备, 2022 (01): 74-75.

[25] 石琳. 浅析农业循环经济的发展现状及其对策 [J]. 山西农经, 2022 (18): 165-167.

[26] 周仁先. 我国农业经济管理现状及创新研究 [J]. 安徽农业科学, 2018, 46 (20): 206-207.

[27] 达瓦, 卓玛, 晓红. 农业经济管理分类的研究 [J]. 安徽农业科学, 2009, 37 (8): 3859-3860.

[28] 王建华, 李辉. 农业家庭经营的现代化发展路径探析 [J]. 农业现代化研究, 2014 (3): 317-321.

[29] 史君锋. 对我国农业家庭经营的思考 [J]. 商业研究, 2003 (14): 116-118.

[30] 张海鹏, 曲婷婷. 农业现代化与农业家庭经营模式创新 [J]. 经济学家, 2014 (8): 83-89.

[31] 邹积慧. 论农业产业化经营 [J]. 学习与探索, 2005 (4): 184-187.

[32] 范家霖, 袁国强, 王法云. 农业标准化与农业产业化 [J]. 地域研究与开发, 2004, 23 (4): 109-112.

[33] 王华杰, 严伟明, 徐小义. 农业产业化与农业现代化 [J]. 中国农业资源与区划,

1998（1）：19-22.

[34] 徐金海．我国农产品市场营销问题探析［J］．经济问题，2001（2）：50-53.

[35] 安玉发，陶益清．WTO与我国农产品市场营销［J］．中国流通经济，2001（6）：51-54.

[36] 余国新．农业自然资源的禀赋与农业发展——以新疆为例［J］．安徽农业科学，2007，35（28）：9052-9053.

[37] 何军，陈文婷，王恺．农业经营方式选择的影响因素分析［J］．农业经济，2015（12）：3-5.

[38] 姜配民，张巍巍．中国新农业经营方式探究［J］．特区经济，2010（2）：176-177.

[39] 王庆功，王昭风．论中国农业保护政策的选择［J］．商业研究，2001（7）：161-164.

[40] 符礼建，曹玉华．农业可持续发展探讨［J］．上海交通大学学报（哲学社会科学版），2002，10（4）：30-33.

[41] 王海燕，傅泽田，刘雪，等．农业资源与农业可持续发展［J］．农业环境与发展，2000，17（2）：22-25.